REGLAMENTO DE FÚTBOL ACTUALIZADO Y COMENTADO

Por

Álex Sans Torrelles
César Frattarola Alcaraz

Colaboradores

Francesc Casajuana Rifà

*Ex-árbitro de 1ª División y
presidente del Colegio Catalán de Árbitros*

Eusebio Sacristán Mena

Jugador profesional (1ª división e internacional)

EDITORIAL
PAIDOTRIBO

La reproducción de las reglas de juego ha contado con la autorización de la
Féderation Internationale de Football Association (FIFA)

Foto portada: Albert Riera

© Álex Sans Torrelles
   César Frattarola Alcaraz
   Editorial Paidotribo
   C/ Consejo de Ciento, 245 bis, 1º1ª
   08011 Barcelona
   Tel. (93) 323 33 11 – Fax. (93) 453 50 33

Primera edición:
ISBN: 84-8019-243-7
D.L.: B-38392-95
Fotocomposición: Editor Service, S.L.
Diagonal, 332 – 08013 Barcelona
Impreso en España por Hurope S.L.

Índice

PREFACIO, 9

INTRODUCCIÓN, 11

REGLA I: EL TERRENO DE JUEGO 17
- Texto oficial de la Regla...17
- Decisiones del International Board 19
- Instrucciones adicionales de la Regla de Juego............................22
- Objetivo y consideraciones de la Regla 25
- Análisis comentado de los aspectos relevantes de la Regla y sus consecuencias prácticas 26
- Ejemplos gráficos comentados 30
- Comentarios sobre la aplicación de la Regla y las posibilidades de juego que ofrece..33

REGLA II: EL BALÓN 37
- Texto oficial de la Regla...37
- Decisiones del International Board 37
- Instrucciones adicionales de la Regla de Juego............................38
- Objetivo y consideraciones de la Regla 39
- Análisis comentado de los aspectos relevantes de la Regla y sus consecuencias prácticas 40
- Ejemplos gráficos comentados 43
- Comentarios sobre la aplicación de la Regla y las posibilidades de juego que ofrece..44

REGLA III: NÚMERO DE JUGADORES 47
- Texto oficial de la Regla...47

- Decisiones del International Board 48
- Instrucciones adicionales de la Regla de Juego............................49
- Objetivo y consideraciones de la Regla 53
- Análisis comentado de los aspectos relevantes de la
  Regla y sus consecuencias prácticas 54
- Ejemplos gráficos comentados 61
- Comentarios sobre la aplicación de la Regla y las
  posibilidades de juego que ofrece...66

REGLA IV: EQUIPO DE LOS JUGADORES 67

- Texto oficial de la Regla...67
- Decisiones del International Board 68
- Instrucciones adicionales de la Regla de Juego............................68
- Objetivo y consideraciones de la Regla 70
- Análisis comentado de los aspectos relevantes de la
  Regla y sus consecuencias prácticas 71
- Ejemplos gráficos comentados 75
- Comentarios sobre la aplicación de la Regla y las
  posibilidades de juego que ofrece...84

REGLA V: EL ÁRBITRO 87

- Texto oficial de la Regla...87
- Decisiones del International Board 88
- Instrucciones adicionales de la Regla de Juego............................91
- Objetivo y consideraciones de la Regla 104
- Análisis comentado de los aspectos relevantes de la
  Regla y sus consecuencias prácticas 106
- Ejemplos gráficos comentados 113
- Comentarios sobre la aplicación de la Regla y las
  posibilidades de juego que ofrece...117

REGLA VI: LOS JUECES DE LÍNEA 121

- Texto oficial de la Regla...121
- Decisiones del International Board 121
- Instrucciones adicionales de la Regla de Juego............................122
- Objetivo y consideraciones de la Regla 124
- Análisis comentado de los aspectos relevantes de la
  Regla y sus consecuencias prácticas 125
- Ejemplos gráficos comentados 126
- Comentarios sobre la aplicación de la Regla y las
  posibilidades de juego que ofrece...131

REGLA VII: DURACIÓN DEL PARTIDO...135

- Texto oficial de la Regla...135
- Decisiones del International Board 135
- Instrucciones adicionales de la Regla de Juego.............................136
- Objetivo y consideraciones de la Regla 136
- Análisis comentado de los aspectos relevantes de la Regla y sus consecuencias prácticas 136
- Ejemplos gráficos comentados 140
- Comentarios sobre la aplicación de la Regla y las posibilidades de juego que ofrece.............................142

REGLA VIII: SAQUE DE SALIDA 145

- Texto oficial de la Regla...145
- Decisiones de International Board 146
- Instrucciones adicionales de la Regla de Juego.............................146
- Objetivo y consideraciones de la Regla 147
- Análisis comentado de los aspectos relevantes de la Regla y sus consecuencias prácticas 148
- Ejemplos gráficos comentados 153
- Comentarios sobre la aplicación de la Regla y las posibilidades de juego que ofrece.............................158

REGLA IX: BALÓN EN JUEGO O FUERA DE JUEGO 159

- Texto oficial de la Regla...159
- Decisiones del International Board 159
- Objetivo y consideraciones de la Regla 160
- Análisis comentado de los aspectos relevantes de la Regla y sus consecuencias prácticas 164
- Ejemplos gráficos comentados 169
- Comentarios sobre la aplicación de la Regla y las posibilidades de juego que ofrece.............................170

REGLA X: TANTO MARCADO 173

- Texto oficial de la Regla...173
- Decisiones del International Board 173
- Instrucciones adicionales de la Regla de Juego.............................174
- Objetivo y consideraciones de la Regla 174
- Análisis comentado de los aspectos relevantes de la Regla y sus consecuencias prácticas 176
- Ejemplos gráficos comentados 179

- Comentarios sobre la aplicación de la Regla y las posibilidades de juego que ofrece 182

REGLA XI: FUERA DE JUEGO 183

- Texto oficial de la Regla 183
- Decisiones del International Board 184
- Instrucciones adicionales de la Regla de Juego 184
- Objetivo y consideraciones de la Regla 185
- Análisis comentado de los aspectos relevantes de la Regla y sus consecuencias prácticas 186
- Ejemplos gráficos comentados 200
- Comentarios sobre la aplicación de la Regla y las posibilidades de juego que ofrece 205

REGLA XII: FALTAS E INCORRECCIONES 211

- Texto oficial de la Regla 211
- Decisiones del International Board 213
- Instrucciones adicionales de la Regla de Juego 215
- Objetivo y consideraciones de la Regla 221
- Análisis comentado de los aspectos relevantes de la Regla y sus consecuencias prácticas 229
- Ejemplos gráficos comentados 248
- Comentarios sobre la aplicación de la Regla y las posibilidades de juego que ofrece 262

REGLA XIII: TIROS LIBRES 265

- Texto oficial de la Regla 265
- Decisiones del International Board 266
- Instrucciones adicionales de la Regla de Juego 266
- Objetivo y consideraciones de la Regla 267
- Análisis comentado de los aspectos relevantes de la Regla y sus consecuencias prácticas 269
- Ejemplos gráficos comentados 278
- Comentarios sobre la aplicación de la Regla y las posibilidades de juego que ofrece 280

REGLA XIV: EL PENAL 287

- Texto oficial de la Regla 287
- Decisiones del International Board 288
- Instrucciones adicionales de la Regla de Juego 289
- Objetivo y consideraciones de la Regla 290

- Análisis comentado de los aspectos relevantes de la
  Regla y sus consecuencias prácticas 292
- Ejemplos gráficos comentados 304
- Comentarios sobre la aplicación de la Regla y las
  posibilidades de juego que ofrece......................................309

REGLA XV: SAQUE DE BANDA 317

- Texto oficial de la Regla..317
- Decisiones del International Board 317
- Instrucciones adicionales de la Regla de Juego.....................318
- Objetivo y consideraciones de la Regla 318
- Análisis comentado de los aspectos relevantes de la
  Regla y sus consecuencias prácticas 321
- Ejemplos gráficos comentados 335
- Comentarios sobre la aplicación de la Regla y las
  posibilidades de juego que ofrece......................................339

REGLA XVI: SAQUE DE META 343

- Texto oficial de la Regla..343
- Decisiones del International Board 343
- Objetivo y consideraciones de la Regla 344
- Análisis comentado de los aspectos relevantes de la
  Regla y sus consecuencias prácticas 346
- Ejemplos gráficos comentados 352
- Comentarios sobre la aplicación de la Regla y las
  posibilidades de juego que ofrece......................................354

REGLA XVII: SAQUE DE ESQUINA 357

- Texto oficial de la Regla..357
- Objetivo y consideraciones de la Regla 358
- Análisis comentado de los aspectos relevantes de la
  Regla y sus consecuencias prácticas 359
- Ejemplos gráficos comentados 363
- Comentarios sobre la aplicación de la Regla y las
  posibilidades de juego que ofrece......................................365

DE LA COMPETICIÓN 367

Prefacio

Las modificaciones que ha sufrido el reglamento de fútbol en las últimas temporadas han provocado la aparición de diferentes situaciones en el desarrollo del juego.

Estas innovaciones, junto a la ausencia generalizada de un conocimiento exhaustivo del reglamento, han hecho considerar a los autores la conveniencia de que exista una obra actualizada que contribuya a clarificar y a difundir, de forma atractiva, el reglamento de fútbol.

Con el objetivo de otorgar a una obra de estas características el grado de precisión y profundidad que requiere, resultaba importante que sus contenidos fueran revisados por distintos especialistas en cada uno de los ámbitos que inciden en el Fútbol.

En este sentido se ha contado con la colaboración de reconocidos profesionales:

- **Francesc Casajuana Rifà**
  - Presidente del Comité Territorial de Árbitros de Cataluña.
  - Ex-árbitro de 1ª División.
- **Eusebio Sacristán Mena**
  - Jugador de fútbol profesional en activo.

El trabajo de los autores y la participación de estos especialistas han hecho posible que la obra ofrezca:

- **Gran rigor científico** en todos sus contenidos comentarios y apreciaciones.
- **Conclusiones** logradas a partir de las experiencias **prácticas**, obtenidas en el ámbito del fútbol profesional.
- **Ejemplos, anécdotas y curiosidades** que ayudan a ilustrar y a comprender mejor el reglamento.

Durante el proceso de realización de la obra, se ha contado con una total predisposición por parte de la **Real Federación Española de Fútbol** en la aportación de la documentación e información solicitada, así como por parte del **Comité Territorial de Árbitros de Cataluña**.

Los textos oficiales de las reglas de juego han sido reproducidos de la publicación editada por la **Fédération International de Football Association –FIFA–** quien, además de conceder las autorizaciones pertinentes, alentó la existencia de iniciativas que ayuden a la difusión del reglamento.

Agradecemos igualmente la participación del Sr. Sergi Albert Jiménez y la colaboración del árbitro internacional D. Antonio Jesús López Nieto.

Introducción

El fútbol, como cualquier deporte institucionalizado, se rige por un reglamento. Este reglamento incide no sólo en el árbitro, que es quien lo aplica, sino también en los jugadores, que se basan en él para desarrollar su juego, en los entrenadores, que deben dominarlo para sacar provecho en su aplicación tanto desde el punto de vista técnico y táctico como físico, e incluso sobre el aficionado, que, al ser mayoritariamente desconocedor del mismo, realiza de forma persistente valoraciones y apreciaciones erróneas.

Por este motivo creemos que es interesante la existencia de una publicación que, además de documentar los aspectos de cada una de las reglas, profundice en las consecuencias prácticas y posibilidades que de ellas se derivan, tanto para árbitros, como para técnicos y jugadores.

De esta forma, el conocimiento de estas consideraciones prácticas permite, además, al aficionado valorar y entender con mayor profundidad el juego, lo que provoca una mayor capacidad para disfrutar del espectáculo que se está desarrollando sobre el terreno.

Para conseguir este objetivo, cada capítulo/regla será analizado en relación a los siguientes apartados:

- **TEXTO OFICIAL DE LA REGLA**
- **DECISIONES DEL INTERNATIONAL BOARD**
- **INSTRUCCIONES ADICIONALES**

- **OBJETIVO Y CONSIDERACIONES DE LA REGLA**
- **ANÁLISIS COMENTADO DE LOS ASPECTOS RELEVANTES DE LA REGLA Y SUS CONSECUENCIAS PRÁCTICAS**
- **EJEMPLOS GRÁFICOS COMENTADOS**
- **COMENTARIOS SOBRE LA APLICACIÓN DE LA REGLA Y LAS POSIBILIDADES DE JUEGO QUE OFRECE**

Reglamento antiguo

Para guía del lector exponemos a continuación la composición y características de cada uno de estos apartados.

TEXTO OFICIAL DE LA REGLA

En este apartado se expone el texto oficial íntegro de cada una de las Reglas, según la FÉDÉRATION INTERNATIONALE DE FOOTBALL ASSOCIATION –FIFA– de julio de 1995, autorizado por el International Football Association Board, y publicado por la FIFA.[1]

Las 17 reglas de las que consta el reglamento en la actualidad fueron confeccionadas en 1938. Este Reglamento fue el resultado de diversas conferencias entre los primeros clubes y asociaciones de fútbol, así como de los diversos procesos de unificación de distintos reglamentos que existían de forma simultánea:

> *"En 1848 los primeros clubs británicos, interesados en establecer una diferenciación entre el fútbol y el rugby..."*[2] celebraron *"... en el Trinity College de Cambridge una conferencia para establecer el primer código reglamentario.*
>
> *1863: Se funda la Football Association y se efectúa la primera enmienda de las Reglas de Cambridge.*
>
> *1870: Se redactan las Reglas de Sheffield, distintas de las de Cambridge.*
>
> *1877: Se unifican las Reglas de Londres y Sheffield.*
>
> *1882: En el congreso anual de las cuatro federaciones británicas (Inglaterra, Escocia, Irlanda y País de Gales) se revisa el código de las reglas.*
>
> *1886: Las cuatro asociaciones británicas fundan la International Board.*
>
> *1938: Refundición de las reglas y redactado de las 17 que se mantienen en vigor".*[3]

Desde entonces se han introducido modificaciones y matizaciones hasta llegar a la actual definición de las reglas, que se expone en este apartado, y en las cuales ya se incorporan las enmiendas y decisiones estipuladas por el International Football Association Board, en su reunión anual celebrada en marzo de 1995.

---

[1] *Reglas de Juego.* Fédération Internationale de Football Association. Zurich, julio, 1995.
[2] *Enciclopedia Mundial del Fútbol.* Ediciones Océano. Barcelona, 1982. Tomo 4, pág. 2.
[3] Op. cit. (2) pág. 3.

En este apartado exponemos las Decisiones del International Board sobre cada una de las Reglas que constan en el documento citado anteriormente.[1]

Para una mejor comprensión de este apartado exponemos parte del texto aprobado y adoptado por el International Football Association Board en febrero de 1993, en relación al propio REGLAMENTO DEL INTERNATIONAL BOARD.

REGLAMENTO DEL INTERNATIONAL FOOTBALL ASSOCIATION BOARD

(Aprobado y adoptado por el International Football Association Board - febrero de 1993)

1. Denominación y constitución. La denominación del Board será "The International Football Association Board". La "Football Association" (Inglaterra), la "Scottish Football Association", la "Football Association of Wales", la "Irish Football Association" y la "Fédération Internationale de Football Association" (FIFA), llamadas en lo sucesivo "asociaciones", constituirán el Board. Cada una tendrá el derecho de hacerse representar por cuatro delegados.

2. Finalidad. La finalidad del Board deberá ser la de discutir y decidir modificaciones en las Reglas de Juego y otros asuntos que afecten el fútbol asociación y remitidos al Board después de haber sido examinados durante las sesiones generales anuales o durante otras sesiones apropiadas de las asociaciones que integran el Board, de las confederaciones o de las asociaciones nacionales (...).

7. Modificaciones en las Reglas de Juego. Solamente en la sesión general anual del Board se podrán aportar modificaciones en las Reglas de Juego y a condición de que tales enmiendas sean aprobadas por una mayoría de tres cuartas partes de las personas presentes y autorizadas a votar (...).

9. Decisiones del Board. A menos que se decida de otra manera, las decisiones tomadas durante la sesión de trabajo anual del Board entrarán en vigor a partir de la fecha de la sesión.

Las decisiones de la sesión general anual relativas a las modificaciones aportadas a las Reglas de Juego serán obligatorias para todas las confederaciones y asociaciones nacionales y entrarán en vigor a partir del 1º de julio siguiente a la sesión general anual del Board. No obstante, las confederaciones o las asociaciones nacionales en las que la temporada en curso aún no haya finalizado el 1º de julio, podrán aplazar la introducción de las modificaciones aportadas a las Reglas de Juego hasta el comienzo de su próxima temporada. Ninguna modificación en las Reglas de Juego deberá ser aplicada por cualquier confederación o asociación nacional hasta que haya sido aprobada por el Board.[4]

INSTRUCCIONES ADICIONALES DE LA REGLA DE JUEGO

Además de las Reglas de Juego y las Decisiones del International Board, existen unas "... instrucciones y decisiones que están en conformidad..."[5] con ellas, que ayudan a concretar y a unificar los criterios de aplicación del reglamento.

En este apartado se expondrán íntegramente el texto de estas instrucciones, sobre las cuales se especifica en "Reglas de Juego":[1]

"... este documento deberá ser considerado autoritativo y citado como tal".[6]

Mientras que las Reglas de Juego, las Decisiones del International Board y las Instrucciones Adicionales tienen un ámbito de aplicación universal, en este apartado incluiremos, además, otras instrucciones y consideraciones, de conformidad con el reglamento, pero cuyo ámbito de aplicación es localizado. Estas instrucciones aparecen en los siguientes documentos:

– "DE LAS COMPETICIONES NACIONALES" Libro XVII de la Real Federación Española de Fútbol.[7]

Son instrucciones, concretadas por artículos, de aplicación en competiciones de ámbito nacional

– COMITÉ TÉCNICO DE ÁRBITROS.[8]

Instrucciones establecidas en las reuniones periódicas de dicho Comité.

– ESTATUTOS Y REGLAMENTO ORGÁNICO de la Federación Catalana de Fútbol.[9]

Instrucciones, concretadas por artículos, de aplicación en competiciones de ámbito regional.

En esta obra utilizamos como ejemplo las instrucciones de la Federación Catalana de Fútbol.

[4] *Op. cit* en (1) pág. –93 a 95–
[5] Op. cit. en (1) pág. 36.
[6] Op. cit. en (1) pág. 36.
[7] *"Reglamento General de la Real Federación Española de Fútbol"*. Libro XVII "De las Competiciones Nacionales". Real Federación Española de Fútbol.
[8] Circular Comitè Territorial d'Àrbitres de Futbol de Catalunya.
[9] *"Estatutos y Reglamento Orgánico de la Federación Catalana de Fútbol"*.

OBJETIVO Y CONSIDERACIONES DE LA REGLA

ANÁLISIS COMENTADO DE LOS ASPECTOS RELEVANTES DE LA REGLA Y SUS CONSECUENCIAS PRÁCTICAS

EJEMPLOS GRÁFICOS COMENTADOS

COMENTARIOS SOBRE LA APLICACIÓN DE LA REGLA Y LAS POSIBILIDADES DE JUEGO QUE OFRECE

En cada uno de estos apartados analizaremos las reglas, detallando y examinando aquellos aspectos considerados como curiosos, muy importantes o aclaratorios.

Este apartado, además, se utilizará para profundizar en:

– Las distintas consecuencias prácticas que surgen de las propias reglas, desde el punto de vista de los jugadores, árbitros y técnicos.
– Las posibilidades que ofrecen las reglas en su aplicación para beneficio de jugadores y técnicos.

Finalmente encontramos el **CAPÍTULO XVIII**: "DE LA COMPETICIÓN", en el que se recogen los aspectos más importantes inherentes a ella, que si bien no son parte de las reglas de juego, son necesarios para la existencia de la propia competición.

Además de las modificaciones realizadas en marzo de 1995, que ya están contempladas y analizadas en esta obra, existen propuestas de estudio para posibles modificaciones futuras.

– Saque de banda con el pie.
– Expulsiones temporales.
– Designación de un segundo árbitro de campo.
– Tiempo muerto.
– Prohibición de realizar sustituciones en los últimos cinco minutos del partido.
– Prohibición de que el portero juegue con las manos un balón cedido por un compañero con la cabeza, pecho o rodilla.
– Establecer un tiempo real de juego de 35 minutos por período.
– "Muerte súbita" – Declarar vencedor al equipo que marque el primer gol durante la prórroga.
Esta norma se aplica ya en la actualidad en el Torneo de Supercopa.

REGLA I

El terreno de juego

El terreno de juego y sus características se determinan con arreglo al plano siguiente:

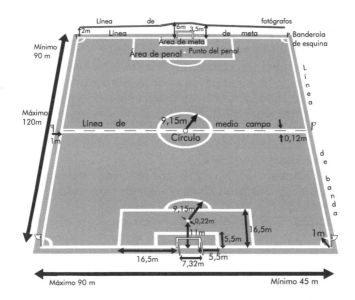

1. Dimensiones. El campo de juego será un rectángulo de una longitud máxima de 120 mts. y mínima de 90 mts., y de una anchura no mayor de 90 mts. ni menor de 45. Para partidos internacionales, la longitud será de 110 mts. como máximo y de 100 mts. como mínimo, y la anchura no será superior a 75 mts. ni inferior a 64 mts. En todos los casos habrá de ser mayor la longitud que la anchura.

2. Modo de marcarlo. El campo de juego se marcará conforme al plano, con líneas visibles de un ancho no mayor de 12 cm y no mediante surcos en forma de "V"; de las líneas que lo limitan, las más largas se llaman líneas de banda y las más cortas líneas de meta. En cada esquina del campo se colocará una banderola cuya asta, que no será puntiaguda, tendrá una altura de 1,50 mts. como mínimo; podrá colocarse una banderola similar a cada lado del terreno, a la altura de la línea de medio campo, separada por lo menos 1 metro de la línea de banda. Se trazará una línea medianera a través de la anchura del terreno. El centro del campo estará visiblemente marcado con un punto, alrededor del cual se trazará una circunferencia de 9,15 mts. de radio.

3. Área de meta. En cada extremidad del terreno y distanciadas 5,50 mts. de cada poste del marco, se marcarán dos líneas perpendiculares a la línea de meta, que se adentrarán en el terreno sobre una longitud de 5,50 mts. y que se unirán en sus extremos mediante otra línea, paralela a la de meta. Cada uno de los espacios delimitados por dichas líneas y la de meta se denominará área de meta.

4. Área penal. En cada extremidad del terreno y a 16,50 mts. de distancia de cada poste del marco, se trazarán dos líneas perpendiculares a la línea de meta, las cuales se extenderán por el interior del terreno en una longitud de 16,50 mts. y se unirán en sus extremos por otra, paralela a la línea de meta. La superficie comprendida entre estas líneas y la de meta se llamará área penal. En cada área penal se marcará en forma visible un punto, que estará situado sobre una línea imaginaria perpendicular a la línea de meta en su centro y a distancia de 11 mts. de ésta. Dicha señal será el punto de ejecución del penal. Tomando como centro los puntos del penal, se trazará al exterior de cada área penal un arco de circunferencia de 9,15 mts. de radio.

5. Área de esquina. Con un radio de 1 mt., medido desde cada banderola de esquina, se marcarán cuatro arcos de circunferencia en la parte interior del terreno.

6. Los marcos. En el centro de cada línea de meta se colocarán los marcos, que estarán formados por dos postes verticales, equidistantes de las banderolas de esquina, separados 7,32 mts. entre sí (medida interior) y unidos en sus extremos por un larguero horizontal cuyo borde inferior estará a 2,44 mts. del suelo.

Por razones de seguridad, los marcos, incluidos aquellos que son portátiles, deberán estar anclados firmemente en el terreno.

La anchura y el grueso de los postes y del larguero transversal no podrán exceder de 12 cm. Los postes y el larguero transversal deberán tener el mismo ancho.

Podrán ponerse redes enganchadas a los postes, al larguero y al suelo por detrás de los marcos, debiendo estar sujetas en forma conveniente y colocadas de manera que no estorben al guardameta.

N.B. **Redes de meta.** Está permitido el uso de redes hechas de cáñamo, yute o nylón. Sin embargo, las cuerdas de nylón no pueden ser más delgadas que aquéllas hechas de cáñamo o yute.

DECISIONES DEL INTERNATIONAL BOARD

1. En los partidos internacionales, las dimensiones del terreno de juego deben ser: máximo 110 por 75 mts.; mínimo 100 por 64 mts.

2. Las asociaciones nacionales deberán ajustarse estrictamente a estas dimensiones. Cada asociación nacional organizadora de un partido internacional deberá informar a la asociación visitante antes del partido sobre el emplazamiento y dimensiones del terreno de juego.

3. El International Board ha aprobado el cuadro siguiente de las dimensiones para las Reglas de Juego:

130 yardas	120	Metros
120 yardas	110	
110 yardas	100	
100 yardas	90	
80 yardas	75	
70 yardas	64	
50 yardas	45	
18 yardas	16,50	
12 yardas	11	
10 yardas	9,15	
8 yardas	7,32	

6 yardas	5,50
1 yarda	1
8 pies	2,44
5 pies	1,50
28 pulgadas	0,71
27 pulgadas	0,68
9 pulgadas	0,22
5 pulgadas	0,12
3/4 pulgada	0,019
1/2 pulgada	0,0127
3/8 pulgada	0,010
14 onzas	396 gramos
16 onzas	453 gramos
8.5 lib./pulg.^{2}	600 gr/cm^2
15.6 lib./pulg.^{2}	1100 gr/cm^2

4. La línea de meta debe ser trazada con el mismo ancho de los postes de meta y del larguero, de forma que la línea de meta y los postes se confundan en sus bordes interior y exterior.

5. Las líneas de 6 yardas (5,50 mts.) para el trazado del área de meta y las 18 yardas (16,50 mts.) para trazar el área penal son medidas que deberán ser contadas sobre la línea de meta y a partir del lado interior de los postes de meta.

6. Las superficies interiores del terreno de juego comprenden la anchura de las líneas que limitan dichas superficies.

7. Todas las asociaciones nacionales deben proporcionar un material de tipo estándar para los encuentros internacionales, porque en ellos han de respetarse con exactitud las Reglas de Juego, sobre todo en lo que se refiere a las dimensiones del balón y al resto del equipo, que deben ajustarse a las Reglas. Cuando dicho material no responda a lo ordenado, deberá formularse un informe completo que será enviado a la **FIFA**.

8. Si, en un partido jugado bajo el reglamento de cualquier competición, el larguero transversal se rompiese o desplazase, se detendrá el juego y el partido será suspendido hasta que el larguero haya sido reparado y colocado en su lugar, o bien hasta que haya sido sustituido por otro nuevo que no suponga peligro para los jugadores. No se considerará satisfactoria la sustitución del larguero por una cuerda.

En un partido amistoso, por acuerdo mutuo, puede terminarse el partido sin el larguero, siempre que haya sido alejado y deje de constituir peligro para los jugadores. En estas circunstancias, se considerará satisfactoria la sustitución del larguero por una cuerda. Si una cuerda no puede ser utilizada y el balón traspasa la línea de meta por un punto que, en la opinión del árbitro está por debajo de donde tendría que haber estado el larguero, el árbitro concederá el tanto.

El árbitro reanudará el juego por balón a tierra en el lugar donde se hallaba el balón cuando se paró el juego, a menos que estuviera en el área de meta en ese momento, en cuyo caso deberá ser botado en la parte de la línea del área de meta paralela a la línea de meta, en el lugar más cercano a donde se encontraba el balón cuando se paró el juego.

9. Las asociaciones nacionales pueden fijar las dimensiones máximas y mínimas para los largueros y los postes de meta dentro de los límites indicados en la Regla I.

10. Tanto los postes de meta como el larguero transversal deben ser de madera, metal o de cualquier otro material de los aprobados por el International Board en sus reuniones periódicas. Pueden tener forma cuadrada, rectangular, redonda, semirredonda o elíptica. No se permitirán postes de meta ni largueros transversales fabricados con otros materiales o de forma distinta a las estipuladas. Los postes de meta y el larguero transversal deben ser de color blanco.

11. Está prohibido todo tipo de publicidad relacionada con el terreno de juego o sobre el terreno mismo. En particular, no deberá haber ningún material publicitario en las redes, las banderolas de esquina o en los marcos de la meta, tampoco deberá haber en los accesorios del juego ningún equipo ajeno al mismo (cámaras, micrófonos, etc.) Está igualmente prohibida cualquier reproducción de un logotipo de la FIFA, confederación, asociación nacional, liga, club o de cualquier otra clase en el terreno de juego (césped).

12. Los encuentros preliminares a los partidos internacionales sólo se jugarán según el estado del terreno y previo acuerdo tomado el mismo día del partido por los representantes de las asociaciones contendientes y el árbitro del partido internacional.

13. Las asociaciones nacionales, particularmente en partidos internacionales, deben

– limitar el número de fotógrafos alrededor del campo de juego,
– hacer que se trace una línea ("línea de fotógrafos") detrás de las líneas de meta a dos metros como mínimo de la banderola de esquina y que pase por un punto situado como mínimo a 3,5 mts. detrás de la intersección de la línea de meta con la línea de demarcación del área de meta hacia un punto situado como mínimo 6 mts. detrás de los postes,
– prohibir que los fotógrafos traspasen estas líneas,
– prohibir el uso de luz artificial en forma de flash.

14. Se podrá trazar una marca fuera del terreno de juego a 9,15 mts. del arco de circunferencia de esquina y formando ángulos apropiados con respecto a la línea de meta a fin de que el árbitro pueda asegurarse de que la distancia marcada debe respetarse en el momento en que se ejecuta un tiro de esquina.

INSTRUCCIONES ADICIONALES DE LA REGLA DE JUEGO

EL ÁREA TÉCNICA

La definición del área técnica, estipulada en la Regla V de la decisión nº 13 del International F.A. Board, se refiere particularmente a los partidos disputados en estadios que cuentan con una área para el personal técnico y sustitutos, tal como se ilustra a continuación:

Se reconoce que el área técnica puede diferir de un estadio a otro, por ejemplo, en tamaño o ubicación. Las notas siguientes servirán de guía general al respecto.

1. El área técnica será una superficie cuya largura equivale a la longitud del banco de reservas más 1 metro a cada lado del banco y cuya anchura parte del banco de reservas hasta una línea paralela a la línea de banda y a la distancia de un metro de esta última.

2. Se recomienda demarcar el área técnica.

3. El número de personas autorizadas a estar en el área técnica estará definido por el reglamento de la competición en cuestión.

4. En conformidad con el reglamento de la competición, se deberá identificar a los ocupantes del área técnica antes de iniciar el partido.

5. Solamente una persona estará autorizada a dar instrucciones tácticas y después de hacerlo deberá regresar a su posición en el banquillo de reservas.

6. El director técnico y otros oficiales deberán permanecer dentro de los límites del área técnica, salvo en circunstancias excepcionales, por ejemplo, si un fisioterapeuta o un médico entra en el terreno de juego con el permiso del árbitro para asistir a un jugador lesionado.

7. El director técnico y otros ocu-

pantes del área técnica deberán observar una conducta irreprochable en todo momento.

LIBRO XVII DE LA RFEF

Artículo 4

1. El terreno de juego deberá ser un rectángulo de superficie plana y horizontal, de hierba o, cuando expresamente así se autorice por la RFEF, de material artificial debidamente ajustado a las medidas que determinen las Reglas de Juego.

Asimismo, se estará a lo previsto en dichas Reglas en lo referente al marcado del campo: área de meta, de penalti, de esquina y la denominada técnica, que delimita los movimientos del entrenador, según las disposiciones de la FIFA, postes, larguero de las porterías, redes de éstas y banderines, tanto de córner como de los que deban utilizar los jueces de línea.

2. Las instalaciones deportivas deberán contar, además, con los siguientes elementos:

a) Paso subterráneo desde el terreno de juego a la zona de vestuarios o, al menos, cubierto y protegido en toda su extensión.

b) Vestuarios independientes para cada uno de los dos equipos y para los árbitros con duchas y lavabos dotados de agua caliente y fría y con sanitarios.

c) Separación entre el terreno de juego y el público mediante vallas, fosos u otros elementos homologados por la RFEF. Tales elementos deberán ser fijos o de fábrica, sin que se acepten instalaciones portátiles o provisionales.

d) Dependencia destinada a clínica de urgencia asistida por facultativo.

e) Sala de control antidopaje –tratándose de clubes adscritos a la Primera y Segunda División–, próxima a los vestuarios y debidamente señalizada, que se utilizará exclusivamente para la toma de muestras y que constará de dos recintos, uno para la espera de los futbolistas y sus acompañantes y otro dedicado específicamente a la recogida de dichas muestras.

El local estará provisto de una mesa de trabajo, dos sillas, un lavabo, artículos de higiene, aparatos sanitarios y bebidas no alcohólicas excepto cerveza.

f) Instalación, cuando se trate de clubes que participen en competiciones de carácter profesional, de un puesto o unidad de control organizativo para el Coordinador de Seguridad.

3. Se excluye la obligatoriedad de la instalación de los elementos de separación que prevé el punto 2c), cuando se trate de clubes de Tercera División, Ligas de Honor y Nacional de Juveniles, Liga de Honor Sub-19 y Liga Nacional de Fútbol Femenino.

Artículo 15

1. Los clubes tienen la obligación de mantener sus terrenos de juego debida y reglamentariamente acondicionados y señalizados para la celebración de partidos, sin que en ellos, mediante poda o dibujo, pueda constar emblema o leyenda algunos, absteniéndose, en todo caso, de alterar por medios artificiales sus condiciones naturales.

2. En caso de que las mismas se hubieran modificado por causa o accidente fortuitos, con notorio perjuicio para el desarrollo del juego, deberán proceder a su arreglo y acondicionamiento.

3. Si las malas condiciones del terreno de juego, bien fuesen imputables a la omisión de la obligación que establece el apartado anterior, bien a una voluntaria o artificiosa alteración de las mismas, determinasen que el árbitro decretara la suspensión del encuentro, éste se celebrará en la fecha que señale el órgano de competición y disciplina competente, siendo por cuenta del infractor los gastos que se originen al visitante, ello sin perjuicio de las responsabilidades disciplinarias en que se pudiera incurrir.

ESTATUTOS Y REGLAMENTO ORGÁNICO DE LA FCF

• Se concreta en relación a los terrenos de juego:

"**Artículo 212º.** Para las competiciones Territoriales, bastará que los Clubs posean un terreno de juego de medidas no inferiores a las mínimas reglamentarias, con las condiciones generales señaladas en el artículo anterior y, en cualquier caso, deberán contar con vestuarios con agua corriente. Si la superficie no fuera de hierba, deberá ser, en todo caso, lisa y regular, y no pedregosa o exageradamente arenisca, sin obstáculos ni otros defectos que perjudiquen el normal desarrollo del juego o constituyan peligro para quienes en él intervengan".

- Prevé, además, en el artículo anterior (211) la posibilidad de que el terreno de juego sea... "de tierra..." y establece que:

"En todos los campos se dispondrá para la actuación de los jueces de línea, de banderines de telas (color anaranjado uno y amarillo otro), sin bordado ni inscripción alguna que formen un rectángulo de 50 x 40 centímetros, adheridos por su lado más estrecho a un palo cilíndrico de dos centímetros de diámetro máximo y sesenta de largo."

OBJETIVO Y CONSIDERACIONES DE LA REGLA

En cualquier deporte resulta necesaria la existencia de esta regla para determinar las características del lugar donde se va a jugar, delimitando los espacios y zonas donde tendrán incidencia los aspectos sancionables según el Reglamento.

Además, contempla una serie de elementos necesarios para evitar posibles lesiones o accidentes de los jugadores (como marcar el campo, altura y forma de las banderolas de saque de esquina).

El hecho de que exista un margen muy amplio entre las dimensiones máximas y mínimas del campo, permite la posibilidad de crear terrenos de juego sin las limitaciones que provocaría la existencia de unas medidas fijas para todos los campos.

De cualquier forma, estas dimensiones máximas y mínimas aseguran la manifestación de las situaciones propias que definen el juego del fútbol.

Sin embargo, sí se concretan, de forma más específica, medidas para los terrenos de juego donde se deban celebrar partidos internacionales. En estos niveles se considera que no existen las limitaciones mencionadas anteriormente.

El Reglamento prevé la posibilidad de que se puedan modificar las dimensiones del terreno y las medidas de las porterías para partidos de jugadores menores de 16 años, mujeres y veteranos (mayores de 35 años).

Es "curioso" constatar que en ningún momento la regla determina el tipo de terreno sobre el que se debe jugar. Esto permitiría la celebración de encuentros sobre "moqueta", e incluso en terrenos de asfalto o cemento. La tradición y las distintas Asociaciones Nacionales, como hemos visto anteriormente, delimitan esta posible utilización de la regla.

La publicidad se halla presente en los elementos y actividades relacionados con el fútbol. En las últimas modificaciones, FIFA ha establecido las pautas que rigen la utilización de esta publicidad en el terreno de juego.

ANÁLISIS COMENTADO DE LOS ASPECTOS RELEVANTES DE LA REGLA Y SUS CONSECUENCIAS PRÁCTICAS

1. CAMPO RECTANGULAR

*"**Dimensiones.** El campo de juego será un rectángulo de una longitud..."*

- Aun cabiendo la teórica posibilidad de poder marcar un campo de 90 x 90 m (cuadrado), la regla exige que dos de los lados del terreno deben ser más largos que los otros dos restantes.
- Se considerará siempre que en los 2 lados más cortos deberán estar situadas las porterías.

"... de las líneas que lo limitan, las más largas se llamarán líneas de banda y las más cortas líneas de meta..."

2. BANDEROLAS DE MEDIO CAMPO

BA GASEOSA | BANCO TUTTIMIO | TELE8

"... podrá colocarse una banderola similar..." a las de esquina *"...a cada lado del terreno, a la altura de la línea de medio campo, separada por lo menos 1 metro de la línea de banda".*

- Resulta curioso que esta posibilidad, que puede ser de gran utilidad para el árbitro y los jueces de línea, no se tenga en cuenta en muchos de los terrenos donde se celebran encuentros de alta competición.

3. BANDEROLAS DE ESQUINA

"...En cada esquina del campo se colocará una banderola..."

- Este aspecto de obligado cumplimiento en el reglamento se incumple habitualmente en competiciones de fútbol-base y en algunas categorías de regional, incluso en los campos donde el terreno está preparado para que las banderolas sean colocadas debidamente.

4. EXISTENCIA DE REDES EN LAS PORTERÍAS

"... Podrán ponerse redes enganchadas a los postes, al larguero y al suelo..."

- La interpretación del redactado de esta regla permite la posibilidad de no colocar redes en un partido oficial, lo que resulta un tanto sorprendente.

5. CUMPLIMIENTO DE LAS REGLAS DE JUEGO

"Todas las asociaciones nacionales deben proporcionar un material de tipo estándar para los encuentros internacionales, porque en ellos han de respetarse con exactitud las Reglas de juego..."

- A pesar de no ser éste el espíritu de la decisión del International Board, el redactado vuelve a desorientarnos, pareciendo en este caso que exista cierta permisividad para el incumplimiento de la Regla en cualquier encuentro que no sea internacional.

EJEMPLOS GRÁFICOS COMENTADOS

Gráfico 1: BANDEROLAS DE ESQUINA

- Para evitar lesiones o accidentes, la banderola tendrá una altura mínima de 1,50 m.
- La parte superior del asta no podrá ser puntiaguda.
- Resulta recomendable que tanto la fijación en el suelo de la banderola como el asta sean de material flexible y, en la medida de lo posible, blando.

**Gráfico 2:
PRESENCIA DE LAS
BANDEROLAS EN
LOS SAQUES DE
ESQUINA**

• Para la realización de un saque de esquina, en muchos casos la banderola puede resultar molesta para el jugador que lo ejecuta. Sin embargo, en ningún momento está permitido retirarla.

**Gráfico 3:
ANCHURA DE LA
LÍNEA DE META**

"La línea de meta debe ser trazada con el mismo ancho de los postes de la meta y del larguero..."

• De esta forma se permite una mejor visión por parte del juez de línea (perspectiva lateral) en los casos que exista duda sobre si el balón ha traspasado completamente la línea de meta o no.

Gráfico 4:
FORMAS DE LOS
POSTES Y EL
LARGUERO

"Tanto los postes de meta como el larguero transversal..."
"... pueden tener forma cuadrada, rectangular, redonda, semirredonda o elíptica..."

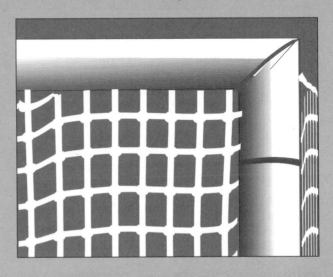

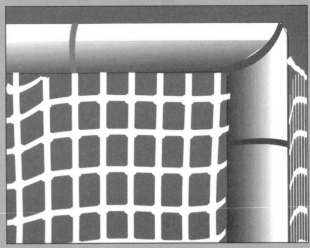

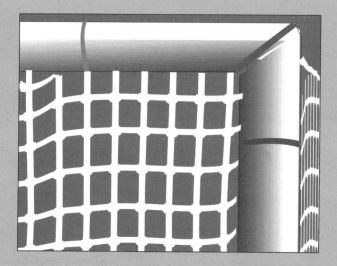

- Un remate al larguero, dependiendo de la forma en que esté construido, puede convertirse en:
  - Gol.
  - Fuera.
  - Rebote del balón hacia el interior del terreno.
- Ello evidencia la posible influencia de la forma de construcción de una portería en el desarrollo del encuentro.

COMENTARIOS SOBRE LA APLICACIÓN DE LA REGLA Y LAS POSIBILIDADES DE JUEGO QUE OFRECE

- Una de las particularidades del fútbol es que se desarrolla en un terreno de juego de grandes dimensiones. Esto permite la existencia de espacios en el juego ofensivo si el equipo mantiene una correcta ocupación del campo. La manifestación de los conceptos de amplitud y profundidad provoca la aparición de situaciones 1:1 y la creación de espacios libres. Desde el punto de vista defensivo interesa provocar una reducción de estos espacios en nuestra zona defensiva, sobre todo si el contrario posee un alto nivel de juego.

Como curiosidad en relación a este aspecto podemos exponer el caso de un "astuto" entrenador que, además de concretar las pertinentes orientaciones tácticas defensivas a su equipo, y para asegurar esta reducción de espacios, ordenó acortar la anchura del campo hasta el mínimo marcado por la regla.

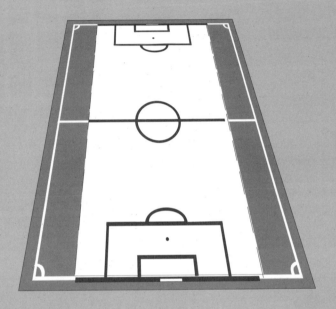

- Cada terreno de juego, según sean sus características (altura de la hierba, grado de humedad, etc.) se adapta mejor al estilo de juego de uno u otro equipo. Dado que cada equipo trata de adecuar su terreno a sus características de juego, es normal que encontremos diferencias en estos aspectos en los diversos terrenos.
- En el supuesto de que antes o durante el partido el terreno no ofrezca las condiciones necesarias para asegurar:
  - Una perfecta visibilidad en todo el campo.
  - El desarrollo normal del juego.
  - La integridad física de los jugadores.

El árbitro podrá suspender temporal o definitivamente el encuentro.

– La niebla, la lluvia intensa, viento, nieve, o la ausencia de luz, son causas que pueden provocar, por parte del árbitro, la suspensión del encuentro.

REGLA II

El balón

El balón será esférico; su cubierta ha de ser de cuero o de otro material aprobado. En su confección, no se empleará ningún material que pueda constituir un peligro para los jugadores.

El balón tendrá una circunferencia de 71 cms como máximo y 68 cms como mínimo y su peso, al comienzo del partido, no será mayor de 453 gramos ni menor de 396 gramos. La presión de inflado será igual a 0.6-1.1 atmósferas; (= 600-1100 gr/cm^2) al nivel del mar. El balón no puede ser cambiado durante el partido sin autorización del árbitro.

DECISIONES DEL INTERNATIONAL BOARD

1. El balón utilizado en los partidos, cualquiera que sea su clase, será considerado como propiedad de la asociación o del club en cuyo terreno se juega el partido y, al final del encuentro, debe ser entregado al árbitro.

2. Periódicamente, el Internacional Board decidirá sobre lo que ha de considerarse "material aprobado" y lo certificará como tal en cada caso.

3. El Board aprueba las equivalencias siguientes de los pesos especificados en la ley: 14 a 16 onzas igual a 396 a 453 gramos.

4. Para los partidos de competiciones de la FIFA y para partidos de competición bajo los auspicios de las confederaciones, se permitirá utilizar únicamente balones que hayan sido sometidos a prueba y que cumplan el mínimo de requisitos especificados en la Regla II. La aprobación del uso de un balón en las competiciones arriba mencionadas dependerá de que el balón lleve una de las indicaciones que se mencionan a continuación para indicar que cumple el mínimo de requisitos técnicos:

– El logotipo oficial «FIFA APPROVED»
– El logotipo oficial «FIFA INSPECTED»
– La referencia «International Matchball Standard» (junto con otras indicaciones semejantes de conformidad técnica, tal como lo solicita la FIFA).

En todos los demás partidos el balón deberá satisfacer las exigencias de la Regla II. Las asociaciones nacionales o ciertos reglamentos de competiciones podrán exigir el uso exclusivo de balones que lleven una de las designaciones arriba mencionadas

5. Cuando el balón estalle o se desinfle en el curso de un partido, el juego será interrumpido y se reanudará por medio de balón a tierra ejecutado con un nuevo balón en el sitio donde el primero se desinfló, a menos que se hubiera encontrado en el área de meta en ese momento, en cuyo caso deberá ser botado en la parte de la línea del área de meta paralela a la línea de meta, en el lugar más cercano a donde se encontraba el balón cuando se detuvo el encuentro.

6. Si esto ocurre durante una interrupción de juego (saque inicial, saque de meta, saque de esquina, tiro libre, penal, saque de banda), el juego debe ser reanudado conforme a la Regla.

INSTRUCCIONES ADICIONALES DE LA REGLA DE JUEGO

LIBRO XVII DE LA RFEF

Artículo 16

Los balones que se utilicen en los partidos deberán reunir las condiciones, peso, medidas y presión que determinan las Reglas de Juego y el club titular del campo donde el partido se celebre, habrá de tener tres de aquéllos dispuestos para el juego, debidamente controlados por el árbitro.

Tratándose de partidos en que intervengan clubes adscritos a la LNFP se utilizará el tipo de balón que, cumpliendo las condiciones a que hace méritos el apartado anterior, aquélla establezca.

Resulta obvia la necesidad de que exista una regla que determine la forma, medidas y aspectos que se consideren necesarios para concretar cómo debe ser el elemento en el que se fundamenta el juego del fútbol.

La importancia de esta regla radica en que es la única absolutamente imprescindible (independientemente de su contenido), ya que sin la existencia de un balón no se puede jugar a fútbol.

La evolución de la calidad de los balones y la sistematización del entrenamiento han permitido, en el fútbol moderno, el perfeccionamiento del dominio del balón. Este nivel técnico podría alcanzar mayor grado de especialización si las medidas (peso, tamaño, presión) fueran únicas (sin máximos ni mínimos).

De todas formas, FIFA ha establecido en las modificaciones de 1995 la existencia de unas denominaciones y logotipos oficiales, para indicar

que el balón que los lleve, cumple el mínimo de requisitos técnicos.

El reglamento prevé la posibilidad de que se pueda modificar el tamaño, el peso y el material del balón para partidos de jugadores menores de 16 años, mujeres y veteranos.

Esto es debido a la necesidad de adecuar las características del balón a la edad y capacidad del jugador.

En la actualidad, es habitual que en las competiciones de un determinado nivel exista el concepto de "balón oficial". Ello permite unificar criterios en los tipos de material y en el diseño de su confección.

- Actualmente, el balón oficial de la Liga Nacional de Fútbol Profesional es el modelo QUESTRA.

ANÁLISIS COMENTADO DE LOS ASPECTOS RELEVANTES DE LA REGLA Y SUS CONSECUENCIAS PRÁCTICAS

1. PESO DEL BALÓN

"... y su peso, al comienzo del partido, no será mayor de 453 gr ni menor de 396 gr..."

- Por lo tanto, para asegurar el cumplimiento de la regla parece necesario que en cada campo se disponga de una balanza para comprobar el peso de los balones que se vayan a utilizar en el encuentro.

2. CAMBIO DE BALÓN

"... el balón no puede ser cambiado durante el partido sin la autorización del árbitro..."

- Éste es otro de los aspectos que se incumple reiteradamente, sobre todo en partidos de fútbol-base y de categoría regional.
- La regla pretende que el árbitro verifique las características reglamentarias de cada balón. Por lo tanto, cuando se producen cambios sistemáticos

del mismo sin que tan siquiera el colegiado lo manipule, cabe la posibilidad de que se incumpla la regla (circunferencia, peso, presión e incluso en algunos casos su esfericidad).

3. BALÓN DESHINCHADO

"... cuando el balón estalle o se desinfle en el curso de un partido, el juego será interrumpido y se reanudará por medio de balón a tierra ejecutado con un nuevo balón en el sitio donde el primero se desinfló..."

• Actualmente, debido a la calidad de los balones, no es frecuente este hecho, aunque es importante que el International Board lo contemple. Sin embargo, podría ser interesante que se matizaran con mayor profundidad estas decisiones, de forma que se valoraran las consecuencias que ello puede comportar en determinadas situaciones.

Gráfico 1:
**EVOLUCIÓN
DEL BALÓN
EN EL TIEMPO**

1893   1895   1905

1928   1938   1950

1954   1954   1958

1962   1966   1970

1978   1982   1986 (AZTECA)

1990 (ETRUSCO)   1994 (QUESTRA)

- Uno de los aspectos significativos de la regla lo vemos en las diferencias que existen entre los máximos y mínimos que presentan las medidas oficiales; por ejemplo, se observa que la presión puede "doblarse", literalmente, sin que el balón deje de ser reglamentario.

- En el ámbito profesional, el balón, dado el nivel de los jugadores, y debido fundamentalmente a la calidad de los terrenos de juego, reúne unas características distintas a las habitualmente utilizadas por jugadores de categorías inferiores. Ello también es debido al coste y a la diferente duración que tienen los balones al ser utilizados en campo de hierba o de tierra.

- Existen, además, diversos ejemplos de la utilización de balones con diferentes características en función de los intereses de cada equipo. Recordamos que en el Mundial celebrado en Argentina, en 1978, se oficializó un balón que, siendo reglamentario, era manifiestamente más ligero y pequeño que los utilizados habitualmente. Esto obligó a realizar un trabajo de adaptación al balón por parte de las distintas selecciones.

- Las diversas medidas y características de un balón provocan diferentes respuestas en su trayectoria, velocidad, grados de "efecto" y distancias alcanzadas.

- El reglamento permite modificar las características del balón para adaptarlo a las capacidades de determinado tipo de jugadores. Resulta especialmente importante acondicionarlo en jugadores benjamines y alevines. Las características del jugador, como su fuerza muscular, el tamaño del pie y las manos (del portero), y la relación entre su propio cuerpo y el balón reglamentario, hacen necesario jugar con un balón de tamaño, peso y presión inferiores.

- La Regla de juego no determina cuál debe ser el color del balón. El hecho de utilizar balones blancos se debe básicamente a la mayor facilidad para distinguirlos sobre terrenos o fondos de tonalidad oscura (tierra o hierba). En los casos excepcionales de partidos que se disputan sobre nieve, se utilizan balones con colores que contrasten con el blanco (acostumbran a ser de color rojo).
- Es interesante que el club posea un medidor de presión que se utilice tanto en partidos como en

entrenamientos. De esta forma evitaremos el uso de balones exageradamente duros o prácticamente deshinchados, que inducen a aprendizajes incorrectos.

- El balón es la "herramienta" del jugador. Debemos por ello acostumbrar a los pequeños jugadores a cuidarlo y a utilizarlo adecuadamente.

Número de jugadores

TEXTO OFICIAL DE LA REGLA

1. El partido será jugado por dos equipos compuestos cada uno por no más de 11 jugadores, de los cuales uno jugará como guardameta,

2. Podrá utilizarse un máximo de tres sustitutos en cualquier partido de una competición oficial bajo los auspicios de la FIFA, las confederaciones o las asociaciones nacionales.

El reglamento de la competición deberá estipular cuántos sustitutos podrán ser designados, hasta alcanzar un máximo de cinco.

Los nombres de los sustitutos deberán entregarse al árbitro antes de comenzar el partido.

Los sustitutos que no hayan sido designados de esta forma no podrán participar en el partido.

3. En otros partidos podrán utilizarse un máximo de hasta cinco sustitutos siempre y cuando los equipos en cuestión lleguen a un acuerdo sobre el número máximo y si el árbitro ha sido informado antes de comenzar el partido. Si el árbitro no ha sido informado, o no se llega a un acuerdo antes de comenzar el partido, no se permitirán más de tres sustitutos.

Los nombres de los sustitutos deberán entregarse al árbitro antes de comenzar el partido.

4. Cualquiera de los otros jugadores podrá cambiar su puesto con el guardameta siempre que el árbitro haya sido previamente informado y siempre también que el cambio sea efectuado durante una detención del juego.

5. Cuando un guardameta o cualquier otro jugador tenga que ser reemplazado por un sustituto, deben observarse las condiciones siguientes:

a) El árbitro debe ser informado de la sustitución propuesta, antes de que ésta sea efectuada;

b) el sustituto no puede entrar en el terreno de juego hasta que el jugador, al cual está reemplazando, lo haya abandonado, y el sustituto sólo entrará al terreno de juego después de haber recibido la señal del árbitro;

c) deberá entrar en el terreno de juego durante una interrupción del partido y por la línea de medio campo;

d) un jugador que ha sido reemplazado no puede participar más en el partido;

e) un sustituto queda sometido a la autoridad y jurisdicción del árbitro, sea llamado o no a participar en el juego;

f) la sustitución se completa cuando el sustituto entra al terreno de juego, momento en el cual se convierte en jugador, mientras que el jugador a quien reemplaza cesa de serlo.

Sanción:

a) El juego no será interrumpido por una infracción del párrafo 4. Los jugadores infractores serán sancionados inmediatamente después de que el balón esté fuera del juego.

b) Si un sustituto entra en el terreno de juego sin la autorización del árbitro, el juego deberá ser detenido. El sustituto será amonestado y alejado del terreno de juego o expulsado, según sean las circunstancias. El partido será reanudado con un balón a tierra desde el lugar donde se encontraba el balón cuando se interrumpió el partido, a menos que se hubiera encontrado en el área de meta en ese momento, en cuyo caso deberá ser botado en la parte de la línea del área de meta paralela a la línea de meta, en el lugar más cercano a donde se encontraba el balón cuando se detuvo el encuentro.

c) Por cualquier otra infracción de esta Regla, el jugador infractor debe ser amonestado, y si el árbitro detuviese el juego para hacer la amonestación, debe ser reanudado por medio de un tiro libre indirecto que sacará un jugador del equipo oponente al del infractor, desde el lugar donde el balón se encontraba en el momento en que el juego fue detenido, sujeto a las condiciones predominantes impuestas en la Regla XIII.

DECISIONES DEL INTERNATIONAL BOARD

1. El número mínimo de jugadores de un equipo se deja a la apreciación de las asociaciones nacionales.

2. El Board estima que un encuentro no puede ser considerado normal si hay menos de siete jugadores en uno de los dos equipos.

3. Un jugador excluido antes que el juego haya comenzado efectivamente sólo puede ser reemplazado por uno de los sustitutos nombrados. El saque inicial no debe ser retardado para permitir al sustituto la entrada y completar su equipo.

Un jugador expulsado después del saque inicial no puede ser reemplazado. Un sustituto nombrado, expulsado antes que el juego haya comenzado efectivamente o después del saque inicial, no puede ser reemplazado (esta decisión concierne solamente a jugadores que fueron excluidos en aplicación de la Regla XII, pero no a jugadores que infringieron la Regla IV).

INSTRUCCIONES ADICIONALES DE LA REGLA DE JUEGO

15. Sustituciones

Un jugador que va a ser sustituido no podrá abandonar el terreno de juego sin el permiso del árbitro y mientras el balón esté en juego.

El jugador sustituto podrá entrar en el terreno de juego únicamente a la altura de la línea central.

16. Jugador lesionado

Se permite la entrada en el terreno de juego de los oficiales de equipo, previa autorización del árbitro, con el fin exclusivo de juzgar la gravedad de la lesión, pero no tratarla, y asimismo para disponer la retirada del jugador.

LIBRO XVII DE LA RFEF

Artículo 17

A la hora fijada, el árbitro dará la señal de comenzar el encuentro. Si transcurridos treinta minutos a partir de aquélla, uno de los equipos no se hubiera presentado o lo hiciera con un número de futbolistas inferior al necesario, según determina el artículo siguiente, se consignará en el acta una u otra circunstancia y se le tendrá por no comparecido.

Artículo 18

1. Para poder comenzar un partido cada uno de los equipos deberá intervenir, al menos, con siete futbolistas. Si el número fuera inferior, sin que concurran causas que lo justifiquen, al club que así proceda se le tendrá como incomparecido.

2. Si una vez comenzado el juego, uno de los contendientes quedase con un número de jugadores inferior a siete, el árbitro acordará la suspensión del partido.

3. En uno y otro caso el órgano de competición y disciplina resolverá lo que proceda.

Artículo 22

1. Los clubes están obligados a participar en las competiciones con su primer equipo, de acuerdo con el calendario oficial.

2. Se considerará primer equipo el que esté integrado por siete futbolistas, al menos, de los inscritos, con aptitud reglamentaria para alinearse, desde el primer partido de la competición de que se trate.

3. En el supuesto de incumplimiento de esta obligación, el órgano de competición y disciplina depurará las responsabilidades a que hubiere lugar en base a lo que al respecto prevén las disposiciones de régimen disciplinario contenidas en los Estatutos de la RFEF.

Artículo 35

1. En el transcurso de partidos de competición oficial (...), y en ocasión de estar el juego detenido, el capitán solicitará del árbitro la oportuna autorización, sin la cual no podrá efectuarse el cambio. Realizado éste, el jugador de que se trate no podrá volver a intervenir en el encuentro.

En competiciones de juveniles e inferiores, así como del fútbol femenino, el cupo de eventuales sustituciones será de hasta cuatro futbolistas.

2. Tratándose de partidos amistosos y, salvo acuerdo distinto establecido en las bases de su organización, se estará a lo dispuesto en la Regla III, punto 3, de las Reglas de Juego/Guía Universal para Árbitros.

3. En ningún caso podrá ser sustituido un jugador expulsado.

Artículo 41

1. En el caso de que por suspensión de un encuentro ya comenzado deba proseguirse en nueva fecha, sólo podrán alinearse, en la continuación, los futbolistas reglamentariamente inscritos el día en que se produjo tal evento y que no hubieran sido sustituidos durante el tiempo entonces jugado ni ulteriormente suspendidos por el órgano de competición y disciplina como consecuencia de dicho partido, salvo que la suspensión fuere por acumulación de amonestaciones derivada de una última producida en el encuentro interrumpido.

Deberán concurrir, además, los requisitos que prevé el artículo 33.1,. apartados e) y f) del presente Libro.

2. Si algún futbolista hubiera sido expulsado, el equipo al que pertenezca sólo podrá alinear el mismo número de jugadores que tenía en el campo al acordarse la suspensión y si se hubieran efectuado los dos cambios autorizados,(*) no podrá realizarse ningún otro.

Artículo 43

1. Durante el desarrollo de un partido no se permitirá que en el terreno de juego haya otras personas que no sean los futbolistas y el equipo arbitral.

2. Ocuparán el banquillo de cada equipo el delegado del mismo, el entrenador y su ayudante, el médico, el ATS, el encargado de material y los cinco futbolistas eventualmente suplentes y, en su caso, los sustituidos, que deberán seguir vistiendo su atuendo deportivo.

Todos ellos deberán estar debidamente acreditados para ejercer la actividad o función que les sea propia, y en posesión de sus correspondientes licencias, que previamente serán entregadas al árbitro.

3. En el espacio existente entre el terreno de juego y el vallado que lo separa del público sólo podrán situarse los delegados de campo y de partido, los fotógrafos, cámaras e informadores deportivos acreditados al efecto, los agentes de la autoridad que presten servicio, el personal colaborador del club y, en su caso, los futbolistas que, por indicación de sus entrenadores, deben efectuar ejercicios previos a su eventual intervención en el juego.

4. Los expulsados deberán situarse, en todo caso, fuera del vallado que delimita el terreno de juego y desprovistos de su atuendo deportivo.

Artículo 44

Sólo tendrán acceso a los recintos del vestuario el árbitro y jueces de línea, los futbolistas, entrenadores, auxiliares, médicos y los delegados de los clubes contendientes, de campo de los Comités de Árbitros y de Entrenadores y el federativo, si lo hubiere, y el de partido.

Artículo 48

Los capitanes constituyen la única representación autorizada de los equipos en el terreno de juego y a ellos corresponden los siguientes derechos y obligaciones:

(*) Recordamos que a partir de las nuevas modificaciones cabe la posibilidad de realizar tres cambios.

a) Dar instrucciones a sus compañeros en el transcurso del juego.
b) Procurar que éstos observen en todo momento la corrección debida.
c) Hacer cumplir las instrucciones del árbitro coadyuvando a la labor de éste a su protección y a que el partido se desarrolle y finalice con normalidad.
d) Firmar la primera parte del acta del encuentro antes de su comienzo. Si alguno de los capitanes se negase a ello, el árbitro lo hará así constar por diligencia.

COMITÉ TÉCNICO DE ÁRBITROS

Calentamiento de jugadores suplentes

En cuanto al calentamiento de los jugadores suplentes se estará al previo acuerdo, antes del inicio del encuentro, entre los delegados de los equipos y el árbitro, quienes, en función del campo y sus dimensiones, determinarán el lugar más idóneo para tal fin. Es aconsejable, si el campo lo permite, que el calentamiento se realice detrás del juez de línea de tribuna.[10]

ESTATUTOS Y REGLAMENTO ORGÁNICO DE LA FCF

Artículo 251º. Al comienzo de un partido si un club presentase menos de 11 jugadores, el árbitro sólo consignará en el Acta, antes de iniciar el juego, los nombres de los jugadores entonces presentes y su número de dorsal, teniendo en cuenta lo previsto en el artículo 223, párrafo 3º. Si una vez comenzado el encuentro comparecen los jugadores restantes, únicamente podrán entrar en el campo con la autorización del colegiado, entregando a éste la correspondiente licencia o debida autorización, la cual retendrá en su poder para constancia en el acta con ocasión del descanso, debiendo devolverla al Delegado del club al finalizar el encuentro.

Tratándose de jugadores suplentes, no se autorizará el cambio hasta la segunda parte, haciendo entrega en el curso de la media parte, el Delegado del club al árbitro, de las licencias de los jugadores que con esta condición se incorporen.

No se permitirá que un equipo inscriba en el acta a jugadores suplentes en tanto no disputen el encuentro el número dispuesto de titulares.

---

[10] "Il Convención arbitral: Normas a seguir durante la temporada 94-95". Revista *El entrenador español* pág. 59. Comité Nacional de Entrenadores de Fútbol. Madrid, septiembre de 1994.

La Regla III determina el número máximo y mínimo de jugadores que pueden participar en cada uno de los equipos en un partido. En ningún caso un equipo podrá jugar con más de 11 jugadores, debiendo el árbitro suspender el encuentro cuando uno de los dos equipos tenga menos de 7.

Podría, por lo tanto, celebrarse un encuentro con un equipo formado por 11 jugadores y otro, si el entrenador así lo decidiera, con sólo 8. La necesidad de equilibrar las fuerzas con el contrario provoca que todos los equipos utilicen el máximo número de jugadores permitido.

Para mantener el nivel de competición entre ambos equipos durante todo el partido, la regla permite el cambio de jugadores si alguno de ellos sufre algún tipo de percance o lesión que les impida contribuir al nivel de competitividad de su equipo. Sin embargo, cuando la pérdida de un jugador (durante el encuentro) es motivada por sanción, el equipo afectado quedará en desventaja numérica.

Esta posibilidad de utilizar jugadores sustitutos es aprovechada por el entrenador en el fútbol moderno para rectificar situaciones tácticas o estratégicas.

La regla comenta, además, las formas que deben respetarse para realizar las sustituciones, así como las sanciones que se derivan de su incumplimiento.

El reglamento permite la posibilidad de que se pueda modificar el número de sustituciones para partidos de jugadores menores de 16 años, mujeres y veteranos.

"En 1958, se dispuso que cada asociación nacional tendría potestad para permitir que en el transcurso de un partido se sustituyeran los jugadores lesionados. Hasta 1970 no se adoptó esta disposición a nivel mundial, haciéndola extensiva a un máximo de dos jugadores por equipo, lesionados o no."[11]

[11] *Op. cit.* (2) Pág. –7–.

1. EL GUARDAMETA

"... de los cuales uno jugará como guardameta..."

- El Reglamento, como vemos, obliga de forma explícita a que, sea cual fuere el número de jugadores de un equipo, uno de ellos se acredite como portero. Incluso en el caso de no existir portero reserva, si el titular debe abandonar el terreno de juego, cualquier otro jugador, aun sin ser guardameta, deberá ocupar esta demarcación.

"En 1901 se estableció que el portero podía ser cargado de forma reglamentaria fuera del área de gol. Respecto a este mismo jugador, que hasta ese momento podía valerse de las manos en toda la mitad del campo correspondiente a su equipo, en 1913 se reglamentó que sólo podría gozar de ese privilegio en su propia área."[12]

[12] *Op. cit.* (2) Pág. –7–.

- El guardameta es un especialista dentro del equipo. El Reglamento diferencia a este jugador del resto en varios aspectos:
  - Tiene espacios específicos en los que puede jugar el balón con la mano y no puede ser cargado.
  - Su vestimenta debe diferenciarse del resto de jugadores y del árbitro.
- Cualquier jugador del equipo puede hacer las funciones de portero, previa autorización arbitral y diferenciación de su vestimenta.
- El portero puede realizar el juego propio de cualquier jugador de campo, sin ninguna limitación (saque de banda, lanzamiento de penalti, colaborar activamente en el juego ofensivo, etc.).
  Sin embargo, no es habitual su juego fuera del área debido al riesgo defensivo que implica.

2. JUGADORES SUSTITUTOS

"... el reglamento de la competición deberá estipular cuántos sustitutos podrán ser designados..."

- En el Campeonato de Liga español (1ª, 2ª, 2ªB y 3ª División) se permite designar 5 jugadores sustitutos, de los cuales se pueden utilizar 3.
- En la competición de categorías regionales y de fútbol-base las sustituciones permitidas son las siguientes:

  – Ámbito Nacional

Div. Honor, Liga Nacional	4
Cat. Inferiores Nacionales	4
Cat. Femeninas Nacionales	4

  – Ámbito Territorial*

1ª Div. Catalana-Regional Preferente	3
Cat. Territoriales (1ª R, 2ª R, 3ª R, etc.)	4 (+P)
Juveniles y Femeninos Territoriales	4 (+P)
Inferiores Territoriales (Cadetes, Inf. Alevín)	5
Amistosos	5

  Estas variantes posibilitan:

- La participación de un mayor número de jugadores en el partido.
- Evitar la inferioridad numérica de un equipo en caso de lesión o percance de diversos jugadores.
- Que los jóvenes jugadores no vean limitada la intensidad de su juego, ya que el entrenador puede sustituirles cuando manifiestan un alto nivel de cansancio.
- El entrenador únicamente podrá sentar en el banquillo y utilizar a los jugadores sustitutos que previamente haya acreditado ante el árbitro antes del inicio del encuentro.

"... un sustituto queda sometido a la autoridad y jurisdicción del árbitro, sea llamado o no a participar en el juego..."

---

* Como ejemplo exponemos las sustituciones permitidas en el ámbito de la Federación Catalana de Fútbol.

- Por lo tanto, el árbitro puede amonestar, e incluso expulsar, a un jugador que no esté participando en el juego.

3. LA SUSTITUCIÓN   *"... el sustituto no puede entrar en el terreno de juego hasta que el jugador al cual está reemplazando, lo haya abandonado..."*

*"... la sustitución se completa cuando el sustituto
entra en el terreno de juego..."*

Veamos un caso práctico:

- El jugador nº 10, que tiene una tarjeta amarilla, es solicitado para ser sustituido por el jugador nº 12.
- Previamente a detenerse el juego, el jugador nº 10, astutamente, busca el lugar más alejado al punto de sustitución para perder el máximo tiempo posible, ya que su equipo va ganando. Mientras se dirige a la banda para realizar la sustitución, manifiesta una actitud pasiva con clara intención de perder tiempo.
- El árbitro le muestra la 2ª tarjeta amarilla, con la consiguiente expulsión. En esta circunstancia, el cambio previsto no puede ser realizado, quedando su equipo en inferioridad numérica.
- Si la 2ª tarjeta amarilla hubiera sido mostrada cuando su sustituto hubiera ya entrado en el terreno (sustitución completada), el jugador nº 10, aun siendo sancionado, no hubiera provocado la inferioridad numérica de su equipo.

Puede ocurrir que, una vez solicitada la sustitución, el jugador a sustituir rehusara abandonar el terreno de juego. No existe sanción para este jugador por parte del árbitro, ni puede obligarle a abandonar el campo. Por ello, el árbitro debe reanudar el juego, quedando las medidas disciplinarias en manos de los responsables del propio equipo.

4. NÚMERO MÍNIMO DE JUGADORES EN UN EQUIPO

"... un encuentro no puede ser considerado normal si hay menos de 7 jugadores en uno de los dos equipos..."

- El árbitro deberá suspender o no permitir el inicio del partido si un equipo por falta de jugadores presentados al encuentro, por expulsiones o por lesiones, no puede jugar con 7 o más jugadores. Esta posibilidad es totalmente lógica, porque esta mínima cantidad de jugadores no permite un desarrollo normal del juego.
- Podría darse el caso de que un equipo que fuera ganando por 0-1 con muchas dificultades, cometiera de forma premeditada distintas infracciones que motivasen la expulsión de varios de sus jugadores y la suspensión del encuentro. En

este caso, el Comité de Competición deberá intentar no favorecer al equipo infractor con la resolución que determine.

5. JUGADOR QUE ENTRA EN EL TERRENO DE JUEGO SIN AUTORIZACIÓN ARBITRAL

"... si un jugador sustituto entra en el terreno de juego sin la autorización del árbitro el juego deberá ser detenido. El sustituto será amonestado..." "... o expulsado..." "... el partido será reanudado con un balón a tierra..."

Puede ocurrir:

- Que un sustituto, estando el balón en juego, entre en el terreno para interferir en la jugada o agredir a un contrario.
- Que se realice un cambio sin la autorización del árbitro.
- Que durante el descanso un equipo realice un cambio y no lo notifique al árbitro.

En cualquiera de estos casos, el reglamento explícitamente determina:

- Detener el juego.
- Amonestar o expulsar del terreno al intruso.
- Reanudar el juego con balón a tierra en el lugar donde se encontraba éste (a excepción de si se hallaba en una de las áreas de penalti, debiéndose ejecutar en este caso en el lugar previsto en la regla VIII).

Otras sanciones a las que se pueda hacer acreedor el jugador intruso deberán ser determinadas por el Comité de Competición, que evaluará para ello las consecuencias producidas por su acción.

En acciones de este tipo puede producirse que:

- Un jugador contrario que se dirigía solo hacia la portería en manifiesta ocasión de gol, sea derribado por el intruso dentro del área de penalti. El reglamento indica que el juego será reanudado con balón a tierra (en lugar de penalti), a pesar de que con esta decisión el equipo infractor se ve beneficiado.
- En el caso de un cambio ilegal (sin la autorización del árbitro), el intruso marque un gol. El árbitro puede darse cuenta de este hecho en el momento de la consecución del tanto, antes o después de reanudar el juego, o al finalizar el partido. Dependiendo del momento en que se percate de este hecho dará validez o no al gol. En el caso de que hubiera dado validez al tanto, deberá informar al organismo competente para que decida el resultado final del encuentro.

EJEMPLOS GRÁFICOS COMENTADOS

Gráfico 1: REALIZACIÓN DE UNA SUSTITUCIÓN

- En una detención del juego, el juez de línea o el capitán del equipo informará al árbitro de la existencia de una solicitud de sustitución.

- Se informará al árbitro y al equipo del jugador que será sustituido.
- Actualmente existen pequeños tableros electrónicos que facilitan una mejor visión de los números y que son de más fácil manejo.

- El sustituto no puede entrar en el terreno de juego hasta que el jugador al que va a reemplazar lo haya abandonado totalmente.

- El sustituto deberá entrar en el terreno de juego por la línea de medio campo.

- Un jugador que ha sido reemplazado no puede participar más en el partido.

- En el caso de sustitución imprevista del portero, el árbitro deberá esperar a reanudar el juego el tiempo necesario para que el nuevo portero esté equipado debidamente.

Gráfico 2 : EL ACTA DEL PARTIDO

• Modelo de acta oficial.

REAL FEDERACION ESPAÑOLA DE FUTBOL

COMITE TECNICO DE ARBITROS

TEMPORADA 19 ___ - 19 ___   CAMPEONATO ___

ACTA del partido celebrado el ___ de ___ en ___

Clubs ___ de ___

Campo ___ de ___

Árbitro: D. ___ (Comité ___)

Juez de línea: D. ___ (Comité ___)

Juez de línea: D. ___ (Comité ___)

4.º Árbitro D. ___ (Comité ___)

Delegado de Partido D. ___ (Comité ___)

ID LIB	Equipo (Escríbase con letras MAYÚSCULAS)	Equipo	ID LIB
	1.	1.	
	2.	2.	
	3.	3.	
	4.	4.	
	5.	5.	
	6.	6.	
	7.	7.	
	8.	8.	
	9.	9.	
	10.	10.	
	11.	11.	

Jugadores Suplentes

	12.	12.	
	13.	13.	
	14.	14.	
	15.	15.	
	16.	16.	

Entrenador D. ___ Lic. n.º ___ Entrenador D. ___ Lic. n.º ___

Auxiliar D. ___ Lic. n.º ___ Auxiliar D. ___ Lic. n.º ___

PRIMER TIEMPO   FINAL

Resultado ___ ( ) ___ ( ) ___ 1.ª parte ___

___ ( ) ___ ( ) ___ Hora comienzo ___ 2.ª ___

El Capitán y Entrenador del ___ El Capitán y Entrenador del ___

El Delegado Campo ___ de ___ de 199 ___

Las actas originales para la Federación Española y C.T.A. se enviarán inmediatamente por el primer correo con sello de urgencia; y las copias para los Clubs se entregarán a los Delegados de los mismos, una vez terminado el partido y en el propio campo. Si hubiese anexo posterior, éste deberá remitirse con idéntica urgencia, tanto a los mencionados órganos como a los dos Clubs interesados.

Asimismo, se remitirá copia de idéntica documentación a las Federaciones Territoriales a que pertenezcan los Clubs y el Comité de Árbitros.

SUSTITUCIONES EFECTUADAS

Equipo ___   Equipo ___

Jugador ___ minuto ___ Jugador ___ minuto ___

en sustitución de ___ en sustitución de ___

Jugador ___ minuto ___ Jugador ___ minuto ___

en sustitución de ___ en sustitución de ___

FIRMA DE LOS DELEGADOS DE LOS CLUBS

Equipo local: D. ___   Equipo visitante: D. ___

INCIDENCIAS

1 - JUGADORES

A - AMONESTACIONES

B - EXPULSIONES

C - OTRAS INCIDENCIAS

2 - DIRIGENTES Y TECNICOS

3 - PÚBLICO

EJEMPLAR PARA C.T.A.

4 - OTRAS OBSERVACIONES O AMPLIACIONES DE LAS ANTERIORES

5 - DEFICIENCIAS OBSERVADAS EN EL TERRENO DE JUEGO O INSTALACIONES

6 - DELEGADO PARTIDO D. ___ Comité ___

ACTUACION DE LOS JUECES DE LINEA: D. ___

D. ___

ACTUACION 4.º ARBITRO: D. ___

PERSONAS QUE HAN ENTRADO EN EL VESTUARIO ARBITRAL.

___ de ___ de 199 ___

EL ARBITRO.

NOTA: Para cualquier incidente ocurrido fuera del campo o después de haber realizado la presente acta, utilizar esta misma clase de impreso.

- Como hemos comentado, la posibilidad de realizar 3 cambios permite sustituir a jugadores lesionados. Además, esta posibilidad es utilizada por el entrenador para:
  - Modificar el esquema táctico y/o el sistema de juego, potenciando al equipo con la entrada de jugadores ofensivos o defensivos, según sean las circunstancias del partido.
  - Reemplazar jugadores que durante el encuentro han realizado un gran desgaste físico.
  - Reemplazar jugadores que manifiestan en aquel partido un nivel de eficacia inferior al previsto por el entrenador.
  - Evitar la posibilidad de expulsión de un jugador que ya tiene una tarjeta amarilla, en caso de haber motivos en el juego que puedan acarrearle la segunda amonestación.
  - Estimular el rendimiento del jugador, ya que éste trabajará al más alto nivel posible para evitar ser sustituido.

- El entrenador debe valorar detenidamente la realización de la tercera sustitución, ya que una vez efectuada, si se produjera alguna lesión, su equipo quedaría en inferioridad numérica.
- El hecho de mantener a los jugadores sustitutos realizando actividad de baja intensidad en diferentes momentos del partido nos permite:
  - Que mantengan la tensión necesaria en el partido.
  - Una predisposición física en el caso de que deba realizarse un cambio imprevisto.
  - Manifestar de forma explícita la importancia y la participación de todos los jugadores en el partido.

Sin embargo, en algunos campos, dada la limitación de espacio existente, resulta incómodo para los jugadores, que ven dificultada la realización de sus ejercicios por el desplazamiento del juez de línea.

TEXTO OFICIAL DE LA REGLA

1. a) El equipo básico obligatorio de un jugador consistirá en un jersey o camiseta, calzón, medias, espinilleras y calzado.

b) Un jugador no podrá llevar ningún objeto que sea peligroso para los otros jugadores.

2. Las espinilleras deberán estar cubiertas completamente por las medias, estar hechas de un material apropiado (goma, plástico, poliuretano o una substancia similar), debiendo procurar un grado razonable de protección.

3. El guardameta deberá emplear colores que lo distingan de los otros jugadores y del árbitro.

Sanción:

El árbitro excluirá del campo de juego a cualquier jugador que quebrante esta Regla para que ponga en orden su equipo o alguna pieza faltante del mismo en la siguiente ocasión en que el balón cese de estar en juego, a menos que para ese entonces el jugador ya haya corregido su equipo. El juego no deberá suspenderse inmediatamente por una infracción de esta Regla. Cualquier jugador que sea excluido para que ponga en orden su equipo, o para que complemente su equipo, sólo podrá volver al campo de juego después de haberse presentado al árbitro, quien tendrá que cerciorarse personalmente de que el equipo de dicho jugador está en orden. El jugador podrá reingresar al campo de juego sólo cuando la pelota haya cesado de estar en juego.

1. En los encuentros internacionales, competiciones internacionales, competiciones internacionales de clubes y partidos amistosos entre clubes pertenecientes a distintas asociaciones nacionales, antes de comenzar el partido, el árbitro deberá controlar **el equipo de los jugadores** e impedir que todo jugador, cuyo equipo no esté en conformidad con las exigencias de esta Regla, juegue hasta que el mismo corresponda con lo estipulado. Las reglas de cualquier tipo de competición pueden prever una disposición similar.

2. Si el árbitro estimara que un jugador lleva sobre él objetos prohibidos por las Reglas, que puedan resultar peligrosos para los demás jugadores, le ordenará que se los quite. Si el jugador no obedeciera, no podrá tomar parte en el encuentro.

3. Un jugador que no ha sido autorizado a tomar parte en el partido o un jugador que ha sido excluido del terreno por infracción a la Regla IV, debe presentarse al árbitro durante una parada del juego y no puede entrar o volver al terreno en tanto que el árbitro no haya comprobado que el jugador ya no infringe la Regla IV.

4. Un jugador que no haya sido autorizado a tomar parte en un partido o que haya sido obligado a abandonar el terreno de juego por infracción de la Regla IV, y que solicite permiso para entrar o volver a entrar al terreno de juego para incorporarse o volver a incorporarse a su equipo, y comete al entrar una infracción de la Regla XII, (j), debe ser amonestado.

Si el árbitro interrumpe el partido para amonestar al infractor, el juego será reanudado por medio de un tiro libre indirecto lanzado por el equipo adversario desde el lugar donde el balón se encontraba cuando el árbitro interrumpió el partido, sujeto a las condiciones predominantes impuestas por la Regla XIII.

INSTRUCCIONES ADICIONALES DE LA REGLA DE JUEGO

23. Equipamiento de los jugadores

a) El árbitro procurará que los jugadores porten convenientemente su equipamiento y controlará que éste sea conforme a las disposiciones de la Regla IV. Se llamará la atención de los jugadores respecto a que deben llevar la camiseta dentro del pantalón y que no deben tener las medias caí-

das. El árbitro controlará también que todos los jugadores lleven espinilleras. Por último, cuidará de que los jugadores no tengan nada sobre ellos
que pueda lesionar a un contrario (relojes, pulseras metálicas, etc.).

b) Está autorizado llevar ropa interior visible, tal como los shorts térmi-
cos. Éstos, sin embargo, deberán ser del mismo color que los pantalones
del equipo del jugador que los lleva y no deberán ser más largos que hasta la rodilla. Asimismo, si un equipo usa pantalones multicolores, la ropa
interior visible deberá ser del mismo color que predomine en los pantalones.

LIBRO XVII DE LA RFEF

Artículo 13

1. Los futbolistas vestirán el primero de los dos uniformes oficiales de su
club, cuyo color en ningún caso deberá coincidir con el que utilice el árbitro. Al dorso de la camiseta figurará, de manera visible, destacada y con
suficiente contraste, el número de alineación que les corresponda, del 1 al
11 los titulares y del 12 al 16 los suplentes, cuya dimensión será de veinti-
cinco centímetros de altura.

2. Idéntica numeración deberá figurar tanto en la parte delantera como
en la posterior de cualesquiera prendas deportivas que utilicen los jugadores siempre que permanezcan en el terreno de juego.

3. Si los uniformes de los equipos fueran iguales o tan parecidos que
indujeran a confusión, y así lo requiriera el árbitro, cambiará el suyo el que
juegue en campo contrario. Si el partido se celebrase en terreno neutral, lo
hará el conjunto de afiliación más moderna.

ESTATUTO Y REGLAMENTO ORGÁNICO DE LA FCF

Artículo 223º. Los equipos contendientes y sus respectivos Delegados
deberán estar en los vestuarios treinta minutos antes de la hora señalada
para el comienzo del partido, para la exhibición de licencias al árbitro e
identificación, en su caso, de los jugadores...

...Tratándose de competiciones de juveniles e inferiores, podrá figurar
en el dorso de las camisetas de los jugadores la numeración del 1 al 22,
con las mismas características que prevé el párrafo anterior; en este caso,
el Delegado del equipo deberá indicar al árbitro el número de la alineación que les corresponda, según sean titulares o suplentes.

En el curso de la temporada, los clubs no podrán variar los colores del
uniforme de sus equipos...

La regla nos concreta:

1. El equipaje básico que debe componer la indumentaria de los jugadores.

2. La diferencia de color del equipaje de los guardametas en relación al resto de jugadores y al árbitro.

3. La prohibición explícita de utilizar objetos que puedan resultar peligrosos para el resto de jugadores:

– Sin embargo, no determina las características que deben tener las distintas prendas que componen el equipaje. Tampoco hace referencia a que todos los jugadores del mismo equipo utilicen el mismo color en su indumentaria.

– La inclusión de la obligatoriedad de utilizar "espinilleras" es relativamente reciente, siendo el único elemento obligado para la propia protección del jugador.

– El mayor contacto físico entre los jugadores en el fútbol moderno, y la mayor intensidad del juego, han provocado la incorporación de elementos adicionales al equipo (espinilleras, shorts, tobilleras, protecciones laterales para el portero, guantes...). El reglamento los acepta implícitamente al no resultar peligrosos.

Para la temporada 95-96, se ha concretado que los equipos de 1ª y 2ª división deberán numerar a sus jugadores del 1 al 22, debiendo utilizar cada jugador el mismo dorsal en todos los encuentros en los que intervenga.

Se reservarán los dorsales 1 y 13 para los porteros, y el 22 para el caso de que exista un tercer guardameta.

Además deberá incorporarse en la parte posterior de la camiseta, y por encima del dorsal, el nombre del jugador.

1. EQUIPO BÁSICO DE LOS JUGADORES

"... el equipo básico obligatorio de un jugador consiste en un jersey o camiseta, calzón, medias, espinilleras y calzado..."

- La regla resulta parca en precisar las características, formas, colores y diseño de las prendas que utiliza el jugador.
- Tampoco se hace referencia a las prendas que se pueden añadir al equipo básico.
- La evolución en los diseños de la indumentaria ha ido marcando y determinando estos aspectos no contemplados en la regla, aunque las diferentes instrucciones adicionales sobre las reglas de juego han ido delimitando los usos y "abusos" que se producían en relación a la imagen y el "buen gusto".

2. OBJETOS PELIGROSOS

"... un jugador no podrá llevar ningún objeto que sea peligroso para los otros jugadores..."

- El árbitro debe controlar y evitar que cualquier jugador que participe en el partido lleve objetos que, según su criterio, puedan ser causantes de lesión o percance para el resto de jugadores.

- Se ha visto en numerosas ocasiones que el árbitro ha tenido que indicar a un jugador que se despojara, para poder participar en el partido, de diversos objetos como pueden ser anillos, relojes, cadenas, etc. Tampoco está permitido jugar con un vendaje de escayola debido a su dureza.
- Otro aspecto a controlar son las dimensiones, forma y material de las botas, de manera que se eviten fundamentalmente los tacos excesivamente puntiagudos o con aristas en su diseño.
- Las gafas normales se consideran también objetos peligrosos, debiendo sustituirse preferentemente por lentes de contacto. En la actualidad, existe un tipo de gafas diseñadas específicamente para la práctica de deportes en los que existe contacto físico entre jugadores.
- Tampoco deben utilizarse elementos ni accesorios metálicos en la sujeción de botas, espinilleras, guantes, etc.

3. UTILIZCIÓN DE ESPINILLERAS

"... las espinilleras deberán estar cubiertas completamente por las medias..."

- Tradicionalmente, muchos jugadores, que se caracterizan por su juego con el balón, son reacios al uso de espinilleras, ya que al no estar habituados les produce sensación de estorbo.
- A partir de la reciente obligatoriedad en su utilización, resulta necesario acostumbrar a todos los jugadores a su uso continuado.

4. INDUMENTARIA DEL GUARDAMETA

"... el guardameta debe emplear colores que lo distingan de los otros jugadores y del árbitro..."

- Resulta obvia la necesidad de esta diferenciación, puesto que el reglamento determina la posibilidad que tiene el portero de realizar una serie de acciones específicas dentro de su área, como jugar el balón con la mano (área de penalti), o la ilegalidad que supone recibir cualquier carga dentro de su área de meta.
- El guardamenta incorpora a su indumentaria una visera o gorra para evitar ser deslumbrado por el sol en balones aéreos

5. COMPROBACIÓN DEL EQUIPAJE DE LOS JUGADORES

"... el árbitro deberá controlar el equipo de los jugadores e impedir que todo jugador, cuyo equipo no esté en conformidad con las exigencias de esta regla, juegue..."

- El árbitro debe revisar el equipo de los jugadores antes de iniciarse el partido. El juez de línea lo hará con los jugadores sustitutos que sean utilizados durante el transcurso del encuentro.

EJEMPLOS GRÁFICOS COMENTADOS

Gráfico 1: CAMISETA
- La camiseta es un elemento representativo del club al que pertenece el equipo.
- El reglamento obliga a que cada jugador lleve en el dorso de su camiseta el número que se le ha asignado en el acta, de forma que se pueda ver y distinguir con claridad. En los Campeonatos del Mundo también resulta necesario que el dorsal esté reflejado en la parte frontal (pecho) de la camiseta.

- Además del dorsal los clubes suelen incorporar en la camiseta el escudo de la entidad, la marca de la ropa deportiva, así como el nombre y/o logotipo de su patrocinador.

- Cada club debe disponer de 2 equipajes de distinto color, para poderlos utilizar en el caso de que exista coincidencia de colores con el equipo contrario.
- Por cuestiones de imagen, el jugador debe llevar siempre la camiseta por dentro del pantalón.
- Una prenda adicional es la camiseta interior, que debido a su gran utilidad tanto en invierno (protección del frío) como en verano (absorción del sudor), acostumbra a ser muy utilizada.

- A la camiseta del portero se le incorporan en ocasiones distintas protecciones con el objetivo de amortiguar las caídas o permitir una mayor sujeción del balón, siendo su diseño y color totalmente diferentes al resto de jugadores.
- Es habitual que el portero reserva tenga asignado el nº 13. Este hecho viene propiciado por el rechazo de los jugadores suplentes a utilizarlo por superstición, asignándosele al sustituto que cuenta con menos posibilidades de participar en el juego.

- Los equipos de 1ª y 2ª división, así como las selecciones nacionales que participan en los Campeonatos del Mundo deben incorporar el número de cada jugador en la parte anterior, derecha del pantalón.

El pantalón del portero suele ser distinto del resto de sus compañeros, tanto en el color como en su diseño, en el que habitualmente se incorporan algún tipo de protecciones. Incluso hay casos en los que se utilizan pantalones largos para proteger de erosiones la piel en las estiradas y caídas, o del frío.

• Existen campeonatos, sin embargo, en los que el portero lleva de forma habitual el mismo pantalón que sus compañeros, como es el caso de Inglaterra.

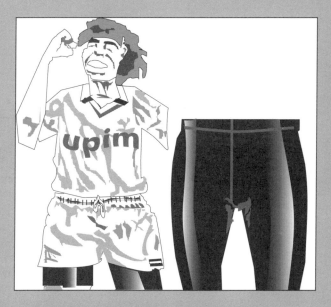

• Una prenda adicional son los "shorts". Su utilización, además de ser adecuada para la prevención de lesiones, se ha generalizado por puro esnobismo. Por ello se ha tenido que reglamentar su uso de forma que deben tener el mismo color que el predominante en los pantalones, no pudiendo nunca sobrepasar la rodilla del jugador.

• También encontramos, en partidos celebrados a muy bajas temperaturas, como jugadores que no están habituados a ellas utilizan mallas y guantes para protegerse del frío.

Gráfico 3:
MEDIAS

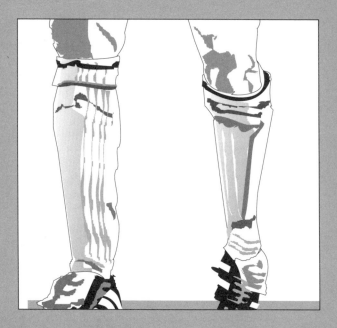

- Las medias deben ser largas, ya que deben cubrir totalmente las espinilleras.
- Tradicionalmente, las medias se han sujetado por debajo de las rodillas con cordones de tela. En la actualidad, en algunos modelos, las medias llevan incorporados elementos de sujeción.
- La media, además de cubrir las espinilleras, "envuelve" los vendajes y protecciones para los tobillos que los jugadores suelen utilizar.

Gráfico 4:
ESPINILLERAS

- Su utilización es obligatoria fundamentalmente para la protección de la parte anterior de la pierna (tibia y peroné). Los modelos actuales llevan incorporados en su parte inferior unos protectores laterales para los maléolos.
- En casos especiales se han llegado a diseñar espinilleras a medida para un jugador, ampliando la protección a la parte posterior de la pierna (gemelos).

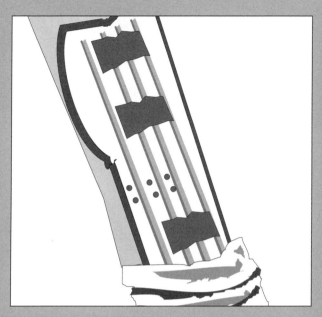

**Gráfico 5:
BOTAS**

- Un buen calzado debe reunir las siguientes condiciones:

  – Cómodo.
  – Flexible.

– Suela adecuada al terreno para lograr una buena estabilidad y sujeción.
– Lengüeta acolchada de forma que amortigüe el impacto del balón sobre el empeine del pie.
– El material con el que se confecciona la bota debe permitir la mayor sensibilidad posible del pie, en relación al tacto con el balón.
– La superficie debe ser uniforme, y sin ningún componente metálico, de forma que no afecte negativamente al toque de balón ni pueda ocasionar lesiones al resto de jugadores.

• Como en el resto de prendas del equipo, el reglamento no define ni las formas ni las características del "calzado".
• El diseño actual de la bota de fútbol se ha ido definiendo a medida que se incorporaban distintos elementos que permitían satisfacer los aspectos mencionados anteriormente.

Los tacos de las botas

Podemos distinguir 2 grandes tipos de tacos:

• *Metálicos.* Adecuados para terrenos blandos de hierba.

La suela se compone de 6 tacos (relativamente largos para que se introduzcan en el terreno, permitiendo una gran sujeción).
El hecho de que únicamente se incorporen 6 tacos es debido a la necesidad de que penetren en el terreno de juego; ello permite, además, que el jugador apoye toda la suela en el piso, lo que otorga un máximo nivel de estabilidad y sujeción. Sin embargo, es necesario que no sean excesivamente puntiagudos para evitar lesiones.

- *De goma.* Adecuados para terrenos duros. Los tacos deben cubrir equitativamente la superficie de la suela (12-16 tacos) para ofrecer un apoyo estable, ya que el pie en este caso se apoya únicamente sobre éstos.

Gráfico 6:
GUANTES DEL
PORTERO

- Es la única prenda que, siendo de uso común en todos los porteros, el reglamento no la contempla como obligatoria en el equipo básico.
Ello es debido a que la incorporación de los guantes, además de ser relativamente reciente en

la historia del fútbol, tiene como objetivo básico conseguir un beneficio técnico para el portero.

- El guante debe permitir:
  - Una mayor superficie de contacto con el balón.
  - Una mayor sujeción del balón mediante superficies diseñadas especialmente para ello.
  - Mantener la temperatura adecuada de las manos.
  - Protección ante diversos tipos de impactos que puede sufrir el portero en las manos.

COMENTARIOS SOBRE LA APLICACIÓN DE LA REGLA Y LAS POSIBILIDADES DE JUEGO QUE OFRECE

- Los responsables del equipaje en un club deben tener en cuenta los siguientes aspectos:
  - Escoger pantalones y camisetas holgados y cómodos, que permitan una máxima amplitud de los movimientos realizados por el jugador.

- Que las prendas estén confeccionadas con tejidos apropiados a la climatología, y que su uso no provoque rozaduras.
- Que las botas sean las adecuadas al estado del terreno de juego en el que se disputa el encuentro.

• Incorporar al equipaje diversas prendas adicionales.
- Sudaderas para calentamiento.
- Prendas de abrigo para los suplentes.
- Equipaje de repuesto, que permita sustituirlo en caso de lluvia, barro o desgarro.

• En ocasiones, la indumentaria de un equipo, además de ser un elemento representativo del club, puede incidir psicológicamente de forma positiva o negativa, tanto en los jugadores del propio equipo como en los contrarios. Por esta razón, resulta importante tener en cuenta este factor al escoger el diseño del equipaje.

• Resulta frecuente en algunos jugadores mantener unos "hábitos" para "intentar provocar" la continuidad de los buenos resultados:
- seguir el mismo ritual para vestirse.
- utilizar las mismas botas, aunque estén en mal estado...

• En un ámbito regional, en categorías de Fútbol-Base (tal como hemos visto en el artículo 223 de los Estatutos y Regl. Orgánico de la F.C.F.) se permite que en las camisetas de los jugadores figuren los dorsales del 1 al 22.

"En este caso, el Delegado del equipo deberá indicar al árbitro el número de la alineación que les corresponda, según sean titulares o suplentes".

Esta posibilidad permite, entre otros aspectos, que cada jugador tenga su propia camiseta, lo que facilita a estos clubes modestos el ahorro en el lavado y acondicionamiento de los equipajes. Además, se evitan las dificultades de no disponer de un responsable del equipamiento.

REGLA V

El árbitro

Un árbitro deberá ser designado para dirigir cada partido. Su competencia y el ejercicio de sus poderes, otorgados por las Reglas de Juego, empezarán en el momento en que entra en el terreno de juego.

Su facultad de sancionar se extenderá a las infracciones cometidas durante una suspensión temporal del juego y cuando el balón esté fuera del juego. Su decisión de hecho en relación con el juego deberá ser definitiva, en tanto que se refiera al resultado de juego. El árbitro:

a) Aplicará las Reglas.

b) Se abstendrá de castigar en aquellos casos en que si lo hiciera, estimase que favorecería al bando que cometió la falta.

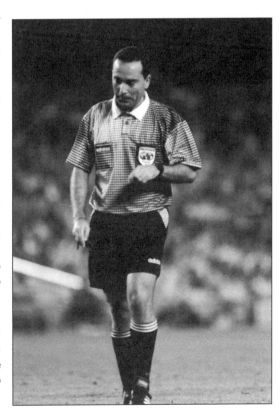

c) Tomará nota de las incidencias, ejercerá las funciones de cronometrador y cuidará de que el partido tenga la duración reglamentaria o convenida, añadiendo las pérdidas de tiempo motivadas por accidente o por cualquier otra causa.

d) Tendrá poder discrecional para parar el juego cuando se cometan infracciones de las Reglas, para interrumpir o suspender definitivamente el partido cuando lo estime necesario a causa de los elementos, de la intervención de los espectadores o por otros motivos. En tales casos, hará llegar un informe detallado de los hechos al organismo competente, en la forma y plazo determinados por los reglamentos de la asociación bajo cuya jurisdicción se juegue el partido.

e) A partir del momento en que entre en el terreno de juego, amonestará y mostrará la tarjeta amarilla a cualquier jugador que observe una conducta incorrecta o indigna. En tal caso, el árbitro comunicará el nombre del culpable al organismo competente, en la forma y plazo estipulados en los reglamentos de la asociación bajo cuya jurisdicción se celebre el partido.

f) No permitirá que nadie, fuera de los jugadores y de los jueces de línea, penetre en el terreno de juego sin su autorización.

g) Interrumpirá el juego si estima que algún jugador ha sufrido una lesión de importancia, lo hará transportar fuera del campo tan pronto como sea posible y reanudará inmediatamente el partido. Si un jugador se lesiona levemente, no se detendrá el juego hasta que el balón haya dejado de estar en juego. El jugador que esté en condiciones de llegar por sí mismo hasta la línea de meta o de banda no podrá recibir cuidados sobre el terreno de juego.

h) Expulsará del terreno de juego y mostrará la tarjeta roja a todo jugador que, en su opinión, sea culpable de conducta violenta, de juego brusco grave, de utilizar un lenguaje soez o injurioso, o si persiste en observar una conducta incorrecta después de haber recibido una amonestación.

i) Dará la señal para reanudar el juego después de toda detención.

j) Decidirá si el balón dispuesto para un partido responde a las exigencias de la Regla II.

DECISIONES DEL INTERNATIONAL BOARD

1. Los árbitros que actúen en partidos internacionales deberán llevar una camiseta o chaqueta cuyo color sea distinto a los usados por uno y otro equipo.

2. Para los partidos internacionales, los árbitros serán escogidos de un país neutral, a menos que las asociaciones interesadas se pongan de acuerdo para utilizar los servicios de uno de sus propios árbitros oficiales.

Si desea recibir información sobre las novedades de PAIDOTRIBO, envíenos la presente tarjeta con sus datos completos, indicando además el título del libro en el que figuraba la misma y la librería dónde lo adquirió.

(Por favor, escriba en letra de imprenta)

Nombre...

Apellidos..

Dirección..

Población..

C.P. .... País ....

Profesión ....

Título del libro ....

Librería...
....

¿Cómo conoció este libro?

☐ Reseña   ☐ Anuncio

☐ Escaparate   ☐ Recomendación

☐ Catálogo   ☐ Aconsejado

☐ Otros ....
....

MATERIAS DE SU INTERÉS

☐ Libro práctico / Calidad de vida / Salud

☐ Ajedrez

☐ Artes marciales

☐ Deportes ¿Cuál? ....

☐ Educación Física /Pedagogía

☐ Medicina deportiva / Rehabilitación

☐ Homeopatía

☐ Masaje

☐ Nutrición

☐ Tercera edad

Editorial Paidotribo

Apartado nº 122 F.D.
08080 Barcelona

3. El árbitro debe ser escogido de la lista oficial de árbitros internacionales. Esto no se aplica a los partidos internacionales de aficionados y de juveniles.

4. El árbitro debe dirigir un informe a las autoridades competentes sobre toda incorrección o mala conducta por parte de los espectadores, oficiales, jugadores, substitutos inscritos o de otras personas que concurran al terreno de juego o a sus inmediaciones antes, durante o después del partido, con el fin de que las decisiones apropiadas puedan ser tomadas por la autoridad competente.

5. Los jueces de línea no son más que los colaboradores del árbitro y, en ningún caso, el árbitro deberá tomar en consideración la intervención de un juez de línea si él mismo ha visto el incidente y puede tener mejores elementos de juicio a causa de su situación en el terreno de juego. Teniendo esto en cuenta, el árbitro podrá tomar en consideración la intervención de un juez de línea y, si la observación de éste se refiere a una fase de juego que precedió inmediatamente a un tanto, el árbitro puede anular este gol.

6. El árbitro, sin embargo, únicamente puede modificar su primera decisión si el juego no ha sido aún reanudado.

7. Cuando el árbitro ha decidido aplicar la ley de la ventaja y permitir que siga el juego, no podrá, en forma alguna, revocar su primera decisión, aunque no la haya anunciado por gesto alguno y aunque la presunta ventaja no haya tenido efectividad. Esto no exime al jugador infractor de una intervención del árbitro acerca de él.

8. En el espíritu de las Reglas de Juego, los encuentros deben ser jugados con el menor número posible de interrupciones y, por ello, el deber del árbitro es sancionar solamente las infracciones cometidas intencionadamente. Si el árbitro pita constantemente faltas insignificantes o dudosas, enerva a los jugadores, provoca su mal humor y quita placer del juego a los espectadores.

9. En virtud del párrafo d) de la Regla V, el árbitro tiene el poder de interrumpir definitivamente el encuentro en caso de incidente grave, pero no tiene el poder de decretar que uno u otro equipo quede descalificado y deba ser considerado como vencido. El árbitro deberá enviar un informe detallado al organismo competente, el único que tiene derecho a decidir la situación.

10. Cuando un jugador comete simultáneamente dos faltas de gravedad distinta, el árbitro debe sancionar la más grave.

11. Es deber del árbitro tomar en consideración las intervenciones de los jueces de línea neutrales si se refieren a hechos incidentales que no estuvo en condiciones de apreciar personalmente.

12. El árbitro no debe autorizar que entre persona alguna en el terreno hasta que el juego esté detenido y, aun así, sólo si ha dado una señal de aquiescencia.

13. Un árbitro (o, en el caso en que proceda, un juez de línea o cuarto oficial) no podrá ser considerado responsable de (1) cualquier tipo de lesión que sufra un jugador, oficial o espectador, (2) cualquier daño a todo tipo de propiedad o (3) cualquier otra pérdida sufrida por un individuo, club, compañía, asociación o entidad similar, la cual se deba o pueda deberse a alguna decisión que haya podido tomar conforme a las Reglas de Juego o con respecto al procedimiento normal requerido para suspender, jugar y controlar un partido.

Una decisión tal puede ser:

a) una decisión por la que las condiciones del terreno de juego o de su periferia o del estado del tiempo sean tales que no permitan llevar a cabo un encuentro;

b) una decisión de suspender definitivamente un partido por cualquier razón;

c) una decisión por lo que respecta al estado de los accesorios y del equipamiento utilizado durante un partido, incluidos los postes de la meta, el larguero, los postes de esquina y el balón;

d) una decisión de suspender o no suspender un partido debido a la interferencia de los espectadores o a cualquier problema en el área de los espectadores;

e) una decisión de suspender o no suspender el juego para permitir el tratamiento de un jugador lesionado;

f) una decisión de solicitar o insistir en que un jugador lesionado sea retirado del terreno de juego para ser tratado.

g) una decisión de permitir o no permitir a un jugador llevar cierta ropa o equipamiento;

h) una decisión (en la medida en que esto pueda ser de su responsabilidad) de permitir o no permitir a toda persona (incluido el equipo u oficiales del estadio, oficiales de seguridad, fotógrafos u otros representantes de los medios de información) estar presentes en los alrededores del terreno de juego;

i) cualquier otra decisión que pueda tomar conforme a las Reglas de Juego o en conformidad con sus deberes y de acuerdo con lo estipulado por las normas o reglamentos de la federación, asociación o liga en cuya jurisdicción se dispute el partido.

14. Al entrenador le estará permitido dar instrucciones tácticas a los jugadores durante el encuentro.

Sin embargo, el entrenador y los demás oficiales deberán permanecer dentro de los límites del área técnica, donde esté prevista, y deberán observar una conducta irreprochable en todo momento.

15. En torneos o competiciones en los que haya sido designado un cuarto oficial, las tareas y los deberes de éste deberán estar de acuerdo con las directivas aprobadas por el International Football Association Board.

Recordando las obligaciones indicadas anteriormente, es esencial que el árbitro diga de antemano a los jueces de línea de clubes lo que de ellos exige y deberá ser capaz de explicarles claramente en qué forma podrán ayudarle de la manera más eficaz. Por consiguiente, es necesario un coloquio entre los tres oficiales antes de empezar el partido y lo ordenará el árbitro como jefe de dicho trío. Sus instrucciones deberán ser cortas y específicas a fin de evitar confusiones. Con referencia a los jueces de línea, éstos deberán comprender que la autoridad del árbitro es suprema y deberán acatar sus decisiones sin discusión cuando hubiera diferencias de opinión. Sus relaciones con el árbitro deberán ser de leal asistencia, sin intromisión indebida ni oposición.

El árbitro utilizará el sistema de control según la diagonal cuando sus jueces de línea son neutrales. Si los jueces de línea no fueran neutrales, les informará del método que intenta aplicar. Colaborará con sus jueces de línea de la siguiente forma y les indicará:

a) La hora por su reloj.

b) El lado del campo que cada auxiliar habrá de vigilar durante cada mitad del partido.

c) Sus obligaciones antes de comenzar el partido, por ejemplo, el control del material de juego.

d) Cuál será el auxiliar de línea principal en caso de necesidad.

e) La posición que habrán de tomar para el saque de esquina.

f) La señal que hará para indicar que ha visto la indicación del juez de línea, pero que ha decidido no aceptarla.

g) Cuáles son las obligaciones del juez de línea durante el saque de banda, visto que muchos árbitros dejan que sus auxiliares observen las faltas de pies, mientras ellos vigilan las faltas de manos.

Los árbitros no están obligados a limitarse a una diagonal en el campo. Si las condiciones del terreno, viento y sol, o cualquier otra causa, exigen un cambio de diagonal, el árbitro deberá indicar sus intenciones al juez de línea y éste empezará a vigilar inmediatamente la otra mitad de su respectiva línea. Una de las ventajas de tal cambio de diagonal es que la zona del terreno cercana a la línea de banda estará menos gastada, ya que se utiliza toda la longitud del terreno.

Otros puntos de colaboración podrían ser añadidos, pero es importante que todos ellos sean conocidos por los tres oficiales.

... Las señales ilustradas en este memorándum han sido aprobadas por el International Football Association Board para ser empleadas por árbitros registrados en las asociaciones nacionales...

Por más que no sea deber del árbitro explicar o imitar las infracciones que le han inducido a tomar una decisión determinada, existen momentos cuando un simple gesto o palabra de orientación pueden ayudar a la comunicación y contribuir a una mayor comprensión, a un mayor respeto, para beneficio mutuo del árbitro y los jugadores.

Mejorar la comunicación es una empresa loable, pero la desmesurada imitación de infracciones puede resultar indigna y confusa y, por consiguiente, se debe evitar.

Indicar el punto por donde se debe lanzar un saque de banda bien puede evitar que un jugador efectúe un saque incorrecto; un grito "ventaja" confirmará al jugador que el árbitro no ha pasado por alto una falta, sino que ha optado por aplicar la ventaja.

Incluso la indicación de que el balón ha sido ligeramente desviado al tocar a otro jugador en su trayecto hacia la línea de banda puede ser útil para generar mayor comprensión entre el árbitro y los jugadores. Una mejor comprensión conducirá a una interrelación más armoniosa.

Todas las señales utilizadas por el árbitro deberá ser simples, claras e instintivas. Deberá estar designadas para controlar el juego eficientemente y asegurar un juego continuo en la medida posible. Se hacen esencialmente con la intención de indicar cuál debe ser la próxima acción en el juego y no para justificar dicha acción.

Un brazo apuntado para indicar un saque de esquina y la dirección en la cual se debe ejecutar es suficiente. El brazo levantado para indicar que el tiro es indirecto se entiende claramente, pero si un jugador pregunta amablemente si se trata de un tiro libre directo o indirecto, una palabra cordial del árbitro –además de la señal regular– conducirá a un mejor entendimiento en el futuro...

La función del cuarto árbitro

1. Será designado bajo el reglamento de una competición y oficiará en caso de que ninguno de los tres responsables oficiales del partido estén en condiciones de seguir actuando.

2. Antes del comienzo de una competición, el organizador deberá estipular claramente si en el caso de que un árbitro sea incapaz de continuar actuando, será el cuarto árbitro quien asumirá su papel de director de juego o si lo hará el primer juez de línea, mientras que el cuarto árbitro pasaría a ser juez de línea.

3. El cuarto árbitro ayudará en todos los deberes administrativos antes, durante y después del partido, según lo desee el árbitro.
4. Será responsable de ayudar en los procedimientos de sustitución durante el partido.
5. Controlará el reemplazo de balones en caso de necesidad. Si durante un partido la pelota del encuentro tiene que ser reemplazada a indicación del árbitro se encargará de proporcionar un nuevo balón, limitando a un mínimo la pérdida de tiempo.
6. Tendrá la autoridad de controlar el equipo de los sustitutos antes de que entren al campo de juego. En caso de que dicho equipo no corresponda a las Reglas de Juego, informará al juez de línea y éste al árbitro.
7. El cuarto árbitro asistirá al árbitro en todo momento.

OTRAS DECISIONES DEL INTERNACIONAL F.A. BOARD

Uso de imágenes de vídeo como evidencia

Por lo que respecta a las recientes decisiones tomadas por algunas asociaciones nacionales para cambiar el resultado de un partido utilizando para ello imágenes de vídeo como evidencia, el Board
a) hace hincapié en que, conforme a la Regla V, la decisión del árbitro sobre hechos relacionados con el juego (decisión tomada sobre los hechos de un partido) es *definitiva* y por tanto no puede ser de ningún modo modificada;
b) manifestó, en consecuencia, su enérgica desaprobación con respecto a las decisiones arriba mencionadas;
c) recordó que la evidencia audiovisual podrá utilizarse únicamente como prueba adicional para *casos disciplinarios*;
d) solicitó a la FIFA asegurarse de que todas las asociaciones nacionales cumplan estas exigencias;

EL SISTEMA DIAGONAL DE CONTROL[13]

La diagonal imaginaria usada por el árbitro es la línea A ———— B.
La diagonal opuesta, usada por los jueces de línea, está sujeta a la posición del árbitro. Si el árbitro estuviera cerca de A, el juez de línea J-2 debe quedar entre M y K. Cuando el árbitro estuviera en B, el juez de línea

---

[13] *Reglas de Juego y guía universal para árbitros.* Comitè Territorial d'Àrbitres de Futbol de Catalunya. julio 1994.

debe estar entre los puntos E y F. Esto da el control completo de las "zonas de peligro" a las dos partes, una a cada lado del campo.

El juez de línea J-1 vigila el equipo ROJO en su lado y el juez de línea J-2, los AZULES. Cuando los ROJOS corren contra el área de los AZULES, el juez de línea J-1 sigue en la línea con el penúltimo defensor AZUL y, por lo tanto, debe estar casi siempre en el campo del equipo AZUL. De la misma manera, el juez de línea J-2 sigue en línea con el penúltimo defensor ROJO y casi nunca penetra en el campo del equipo AZUL.

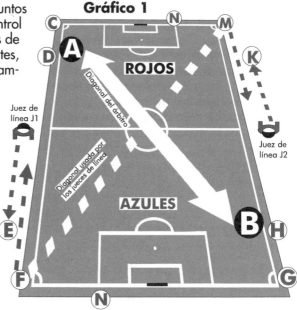

Gráfico 1

Durante los saques de esquina o penales, el juez de línea del campo en que el córner o el penal fue dirigido, se pondrá en la posición N y el árbitro toma su posición (véase el diagrama 4 Saque de Esquina/Diagrama 9 Penal).

El sistema diagonal de control no tendrá éxito si el juez de línea J-2 ocupa la posición entre G y H mientras el árbitro está en la posición B, o cuando el juez de línea J-1 se halla cerca de C o D, mientras el árbitro está en la posición A, porque en este caso hay dos personas en la misma posición. Esto debe ser evitado.

(N.B. Algunos árbitros prefieren usar la diagonal opuesta de F para M y, en este caso, los jueces de línea deben calcular su posición en concordancia con esta diagonal.)

Gráfico 2
COMIENZO DEL PARTIDO

Posición del árbitro al comienzo – A.
Posición de los jueces de línea J-1 y J-2 en posición con el penúltimo defensor.

Jugadores – O y ⊗.

Diagonal seguida por el árbitro A ⟷ B

El árbitro sigue la diagonal por la línea ⟷ conforme a la dirección del ataque.

Pelota (Balón) – ●.

Gráfico 3
DESARROLLO DEL ATAQUE
(consecuencia del gráfico 2)

El balón sigue para el lado izquierdo y el árbitro (A) se separa un poco de la diagonal para estar más cerca del juego.

El juez de línea (J-2) sigue con el penúltimo defensor. Así hay dos vigilantes en la zona de juego.

El juez de línea (J-1) está en posición de seguir cualquier contra-ataque que se desenvuelva.

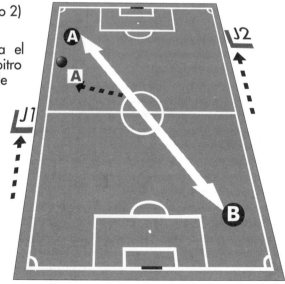

Gráfico 4
SAQUE DE ESQUINA
(Córner)

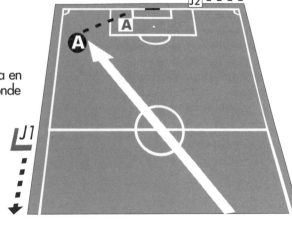

La posición será la misma en todas las áreas "esquina" donde se produzca el "córner".
El árbitro (A) está en la posición indicada.
Juez de línea (J-2): de acuerdo con las instrucciones del árbitro, el juez de línea (J-2) debe estar cerca de la banderola de esquina para observar si el balón es jugado adecuadamente, si los jugadores oponentes están a distancia adecuada (9,15 m), si el balón está detrás de la línea de meta o si han ocurrido incidentes probablemente ocultos al árbitro.
El juez de línea (J-1): en posición para seguir cualquier contraataque que se desenvuelva.

Gráfico 5
EL CONTRAATAQUE
(consecuencia del gráfico 4)

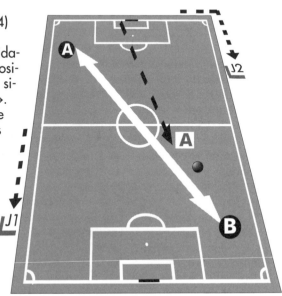

El árbitro (A) corre rápidamente para volver a la posición en la diagonal, siguiendo la línea — — — →.
(Nota: El árbitro que está en buenas condiciones físicas puede hacer esto con facilidad)
El juez de línea J-2 vuelve rápido a su posición en línea con el penúltimo defensor.
El juez de línea J-1 está en el mismo nivel con el penúltimo defensor en su mitad del terreno de

juego y en la posición de comprobar cualquier infracción hasta que el árbitro llegue al área de juego.

Gráfico 6
SAQUE DE META

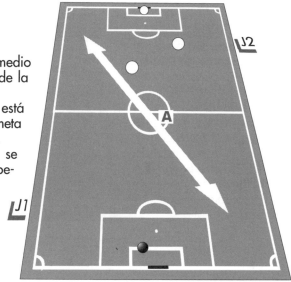

El árbitro (A) está en medio campo, cerca del centro de la diagonal.

El juez de línea J-1 está observando el saque de meta a la altura del área penal.

El juez de línea J-2 se encuentra en línea con el penúltimo defensor, esperando un posible ataque del equipo que está ejecutando el saque de meta.

Gráfico 7
EJECUCIÓN DE UN TIRO LIBRE EN MEDIO CAMPO

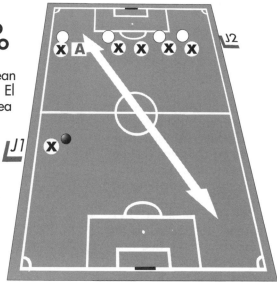

Los jugadores se alinean para el tiro libre ⊗ y O. El árbitro (A) y el juez de línea (J-2) ocupan sus respectivas posiciones en línea con los jugadores, prontos a señalar cuidadosamente un "off-side" o juego incorrecto. El juez de línea (J-1) comprueba que el saque se efectúe en el sitio correcto y también queda preparado para seguir cualquier contraataque que pueda realizarse.

Gráfico 8
EJECUCIÓN DE UN TIRO LIBRE CERCA DEL GOL

Los jugadores ⊗ y O se alinean para el tiro libre.

El árbitro (A) ocupa una posición cerca de la diagonal para observar mejor cualquier fuera de juego. El juez de línea J-2 queda más avanzado, pero puede vigilar el fuera de juego y las faltas estando también en buena posición para controlar cualquier remate directo al gol.

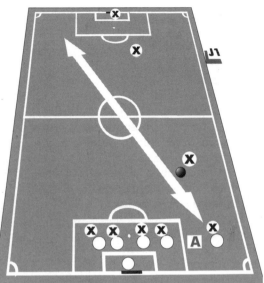

Gráfico 9
LANZAMIENTO DE UN PENAL

Los jugadores ⊗ y O, menos el guardameta y el que lanza el penal, están fuera del área y por lo menos 9,15 metros distanciados del balón. El portero está sobre la línea de meta.

El árbitro (A) está en posición de observar si el penal es correctamente ejecutado y que no hay ninguna otra infracción.

El juez de línea (J-2) observa al guardameta para comprobar que éste no se adelante ilegalmente de la línea de meta.

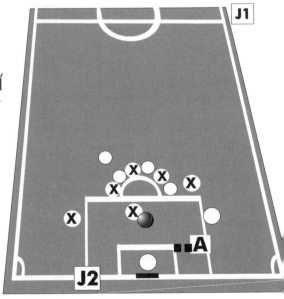

También actúa como juez referente a la posible marcación de un gol.

El juez de línea (J-1) está colocado para el caso que el guardameta detuviera el balón y se desarrollara un contraataque.

Gráfico 10a
EL SAQUE DE BANDA

El balón ha salido de juego y el juez de línea J-2 está a la misma altura con el penúltimo defensor, indicando la posición del saque de banda y para que lado.

El árbitro (A) atraviesa de la diagonal al centro del campo, de la misma forma que el defensor, cubriendo un saque de banda.

El juez de línea J-1 está a la misma altura que el penúltimo defensor para el posible contraataque.

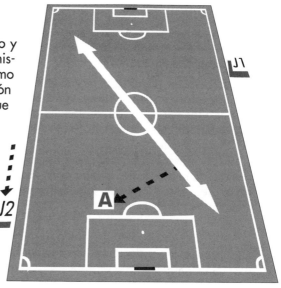

Gráfico 10b
EL SAQUE DE BANDA

El juez de línea J-1 está lejos del lugar del saque, pero podrá observar cualquier falta de pie y hacer indicaciones a qué bando pertenece el lanzamiento. Mantiene también su posición en línea con el penúltimo defensor en el caso de que se produzca un contraataque.

El árbitro (A) está en situación de apreciar las otras faltas del saque y se aparta ligeramente de su diagonal hacia la línea de banda.

El juez de línea J-2 se halla colocado con el penúltimo defensor en su mitad del campo de juego

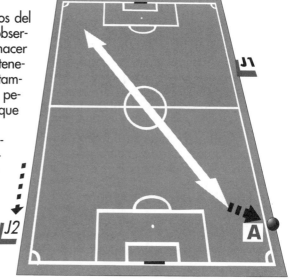

para apreciar cualquier falta que se produzca antes que el árbitro pueda volver a seguir el juego.

LIBRO XIII DE LA RFEF

Artículo 16

1. Tratándose de partidos en que intervengan clubes de Primera y Segunda División, el equipo arbitral estará compuesto, además de por el árbitro principal y sus dos jueces de línea, por un cuarto colegiado, designado entre los que integran la plantilla de Segunda División "B" que no residan, siempre que ello fuera posible, en la provincia de alguno de los equipos contendientes.

2. El cuarto árbitro actuará en el supuesto de que, una vez iniciado el partido de que se trate, alguno de los tres responsables oficiales del mismo no esté en condiciones de seguir haciéndolo por causa o accidente ajenos a su voluntad.

3. Si la imposibilidad del árbitro principal se produjese antes del inicio del partido, y no hubiera posibilidad de sustituirlo por otro de la misma categoría, los clubes decidirán, de mutuo acuerdo, si se suspende el encuentro o si aceptan que sea dirigido por el cuarto árbitro.

4. Son también funciones del cuarto árbitro:

a) Coadyuvar, de acuerdo con el árbitro, en todos los deberes de carácter administrativo antes, durante y después del partido.

b) Intervenir, como responsable, en la eventual sustitución de los jugadores durante el encuentro.

c) Controlar el cambio de balones, encargándose de proporcionar, a indicación del árbitro principal, uno nuevo.

d) Revisar el atuendo y calzado de los sustitutos antes de su entrada en el terreno de juego. Si aquéllos no se ajustaran a las Reglas de Juego, o a las condiciones reglamentarias, informará al juez de línea más próximo para que dé traslado de ello al árbitro, el cual decidirá lo que corresponda.

e) Asistir al árbitro principal siempre que sea requerido por éste.

f) Ejercer, en general todas aquellas funciones que puedan contribuir a facilitar la labor del árbitro y sus jueces de línea.

LIBRO XVII DE LA RFEF

Artículo 38

1. El árbitro sólo podrá suspender la celebración de un partido por las siguientes causas:

a) Mal estado del terreno de juego.
b) Presentación de un equipo con menos de siete futbolistas.
c) Reducción del número de aquéllos también a menos de siete, durante el transcurso del encuentro, por cualesquiera clase de vicisitudes.
d) Incidentes de público.
e) Insubordinación, retirada o falta colectiva.
f) Fuerza mayor.

En todo caso, el árbitro ponderará tales circunstancias según su buen criterio, procurando siempre agotar todos los medios para que el encuentro se celebre o prosiga.

2. La RFEF tiene la facultad de suspender cualquier encuentro cuando prevea la imposibilidad de celebrarlo por causas excepcionales.

Artículo 39

El árbitro designado para dirigir un partido deberá personarse en el campo con una antelación mínima de hora y media, al objeto de reconocerlo, examinar sus condiciones y tomar las decisiones que considere pertinentes para que se subsanen las deficiencias que, en su caso, advierta.

Artículo 49

1. El árbitro es la autoridad deportiva única e inapelable, en el orden técnico, para dirigir los partidos.

2. Sus facultades comienzan en el momento de entrar en el recinto deportivo, y no terminan hasta que lo abandona, conservándolas, por tanto, durante los descansos, interrupciones y suspensiones, aunque el balón no se halle en el campo.

3. Tanto los directivos como los futbolistas, entrenadores, auxiliares y delegados de los clubes, deben acatar sus decisiones y están obligados, bajo su responsabilidad, a apoyarle y protegerle en todo momento para garantizar la independencia de su actuación y el respeto debido al ejercicio de su función, así como su integridad personal, interesando, a tales fines, si preciso fuere, la intervención de la autoridad.

Artículo 50

Corresponden a los árbitros, además de las que prevé el Libro XIII, las siguientes obligaciones:

1. Antes del comienzo del partido:

a) Inspeccionar el terreno de juego para comprobar su estado, el marcaje de líneas, las redes de las porterías y las condiciones reglamentarias que en general, tanto aquél como sus instalaciones deben reunir, dando al delegado de campo las instrucciones precisas para que subsane cualquiera deficiencia que advierta.

Si el árbitro estimara que aquellas condiciones no son las apropiadas para la celebración del partido, por notoria y voluntaria alteración artificial de las mismas, o por omisión de la obligación de restablecer las normas cuando la modificación hubiese sido consecuencia de causa o accidente fortuitos, acordará la suspensión del encuentro.

b) Ordenar, asimismo, la suspensión del partido en caso de mal estado del terreno de juego no imputable a acción u omisión, y en los demás supuestos que se establecen en las disposiciones vigentes.

c) Inspeccionar los balones que se vayan a utilizar exigiendo que reúnan las condiciones reglamentarias.

d) Examinar las licencias de los futbolistas titulares y suplentes, así como las de los entrenadores y auxiliares, advirtiendo a quienes no reúnan las condiciones reglamentarias que pueden incurrir en responsabilidad.

En defecto de alguna licencia, el árbitro requerirá la pertinente autorización expedida por la RFEF o, en su caso, la Liga, reflejando claramente en el acta los futbolistas que actuaron como titulares o suplentes sin licencia definitiva, así como la fecha de expedición de la ficha provisional o la de autorización o, en otro supuesto, el número de su DNI.

e) Hacer las advertencias necesarias a los entrenadores y capitanes de ambos equipos para que los jugadores de los mismos se comporten durante el partido con la corrección y deportividad debidas.

f) Ordenar la salida de los equipos al terreno de juego.

2. En el transcurso del partido:

a) Aplicar las Reglas de Juego, siendo inapelables las decisiones que adopte durante el desarrollo del encuentro.

b) Tomar nota de las incidencias de toda índole que puedan producirse.

c) Ejercer las funciones de cronometrador, señalando el inicio y terminación de cada parte, y el de las prórrogas, si las hubiere, así como la reanudación del juego en caso de interrupciones, compensando las pérdidas de tiempo motivadas por cualquier causa.

d) Detener el juego cuando se infrinjan las Reglas y suspenderlo en los casos previstos, si bien siempre como último y necesario recurso.

e) Amonestar o expulsar, según la importancia de la falta a todo futbolista que observe conducta incorrecta o proceda de modo inconveniente y asimismo a entrenadores, auxiliares y demás personas reglamentariamente afectadas.

f) Prohibir que penetren en el terreno de juego sin su autorización, otras personas que no sean los veintidós futbolistas y los jueces de línea.

g) Interrumpir el juego en caso de lesión de algún jugador, ordenando su retirada del campo por medio de las asistencias sanitarias.

3. Después del partido:

a) Recabar de cada uno de los delegados de los clubes que compitieron informes sobre posibles lesiones sufridas en el transcurso del juego, solicitando, en caso afirmativo, las oportunas certificaciones médicas a fin de adjuntarlas al acta.

b) Redactar de forma fiel, concisa, clara, objetiva y completa, el acta del encuentro, así como los informes ampliatorios que estime oportunos, remitiendo, con la mayor urgencia y por el procedimiento más rápido una y otros, a las entidades y organismos que se expresan en el siguiente capítulo.

COMITÉ TÉCNICO DE ÁRBITROS

La Ventaja: Debe tenerse en cuenta la zona en la que se produce la acción que debemos sancionar o no sancionar, en caso de aplicarla.

a) En zona defensiva del equipo sobre el que se cometió la falta, casi nunca aplicaremos la ventaja y sí pararemos el juego (poca ventaja existe cuando el balón se encuentra a más de 70 mts. de la puerta contraria).

b) En la zona media del campo, la aplicaremos muy selectivamente, es decir, en acciones que no sean de juego brusco y cuando el jugador que lleva el balón y sale trompicado de la falta no esté rodeado de contrarios que le pueda arrebatar la pelota (entonces ya no podremos sancionar).

c) En la zona atacante, el árbitro demuestra su calidad en las jugadas que no corta el juego para no beneficiar al infractor.

Nunca es aconsejable aplicar la ventaja dentro del área de penalty. La señal de la concesión debe ser clara y enérgica.

Colocación: El sistema de control diagonal es bien conocido por todos, sin embargo, fue en este apartado uno de los que en la temporada pasada se obtuvieron las puntuaciones más bajas, las razones para ello son:

a) No se hace la diagonal completa; hay que apurar el desplazamiento hasta casi la línea de meta, pisando las áreas de penalty, lo que permite tener una visión óptima de posibles penaltys o goles precedidos de faltas, que pueden tener graves repercusiones.

b) Se recorre una línea perpendicular entre las frontales de ambas áreas, quedándose fuera de ellas porque se tiene miedo de no llegar en el posible rechace, al desconfiar de la propia preparación física, lo que hace que no se vean acciones entre jugadores al ser tapadas por ellos mismos.

c) No se mantiene la línea recta delimitada entre el árbitro –el balón– el juez de línea, lo que hace que en muchas ocasiones no se vean las indicaciones del auxiliar.

En los tiros libres al borde del área y por el lado que cubre el árbitro, éste debe colocarse en línea con barrera y fuera de juego, situándose el juez de línea en la línea de meta.

Recordar que en las "CONTINUACIONES" el árbitro debe conocer el acta del partido suspendido para mantener toda la situación en ella relatada, siempre atendiendo prioritariamente a la decisión del Comité de Disciplina.

OBJETIVO Y CONSIDERACIONES DE LA REGLA

No existe reglamento sin juez, por lo que la existencia del árbitro es inherente a la propia regla.

Su labor básica es que se cumplan las Reglas de Juego. Sin embargo, esta función entraña grandes dificultades por varios motivos:

- Debe tomar decisiones inmediatas en acciones de juego que se producen con gran rapidez.
- Debe interpretar la intencionalidad de los jugadores en la realización de una acción incorrecta.
- No debe detener el juego, aun habiéndose vulnerado la regla de juego, si con ello beneficia al equipo infractor (ley de la ventaja).
- Debe controlar un gran espacio de terreno, así como un elevado número de jugadores, decidiendo en carrera sobre las diferentes situaciones de juego producidas por los continuos y bruscos cambios de situación del balón.
- Debe, además, apreciar los intentos de engaño provocados por los jugadores que fingen ser objeto de falta en su afán de sacar provecho para su equipo.
- Dificultad de mantener su objetividad e imparcialidad dada la enorme presión que ejerce el público de forma parcial para favorecer a su equipo.

Además debemos tener en cuenta que el árbitro llega a tomar "unas 120 decisiones de promedio por partido... cuando en realidad suele percibir y registrar más de lo que señala".[14]

[14] BAUER, G. UEBERLE, H.: "Fútbol. Factores de rendimiento, dirección de jugadores y del equipo. Ed. Martínez Roca. Barcelona, 1988. Pág. 41

Estas decisiones son tomadas para señalar, de promedio:

"• 34 saques de banda;
• 25 faltas en acciones de la defensa;
• 21 saques de puerta;
• 11 saques de esquina;
• 9 faltas en acciones de ataque;
• 7 fueras de juego;
• otras interrupciones frecuentes."[15]

Aun así, sus decisiones son constantemente criticadas por jugadores, directivos, público y medios de comunicación.

Debemos conocer y valorar en profundidad la dificultad que comporta el arbitraje. A partir de este conocimiento, la crítica, si no se acompaña de propuestas que permitan mejorar el arbitraje, resulta insuficiente.

Otra dificultad añadida a la labor del árbitro es la repercusión que tienen los partidos de alto nivel (y, por lo tanto, sus decisiones) en diferentes intereses comerciales, sociales y económicos.

En relación a este aspecto, FIFA ha tenido que legislar, en las últimas modificaciones de la regla, sobre la responsabilidad legal de los árbitros, para protegerlos de cualquier clase de demandas motivadas por sus decisiones tomadas durante el transcurso de un encuentro.

"En 1890 apareció la primera regla que hacía referencia a los árbitros y a los *jueces de gol,* adoptándose el principio de que todos ellos debían ser neutrales. Un año más tarde, los jueces de gol, que permanecían sentados o de pie junto a las porterías para determinar si el balón había entrado o no, se convierten en *jueces de línea.*

En 1896 el árbitro puede sancionar una infracción por propia iniciativa y sus decisiones son consideradas inapelables. Hasta ese momento, el árbitro sólo podía intervenir en una infracción a requerimiento del equipo perjudicado.

---

[15] *Op. cit.* a (14). Pág. 26.

En 1903 aparece la *ley de la ventaja*. Ese mismo año se refuerza la autoridad arbitral para que el director del encuentro pueda reprimir enérgicamente toda infracción cometida por los jugadores, directivos o espectadores.

A partir de 1919 el árbitro viene obligado a vestir una indumentaria que le permita distinguirse sin lugar a dudas de los jugadores de ambos equipos. Cinco años más tarde, en 1924, se dispone que el árbitro detenga el juego cada vez que un jugador resulte seriamente lesionado, y disponga lo necesario para que sea atendido convenientemente."[16]

ANÁLISIS COMENTADO DE LOS ASPECTOS RELEVANTES DE LA REGLA Y SUS CONSECUENCIAS PRÁCTICAS

1. INICIO DE LAS COMPETENÇIAS DEL ÁRBITRO

"... su competencia y el ejercicio de sus poderes... empiezan en el momento en que entra en el terreno de juego..."

- Entendemos que la capacidad para sancionar del árbitro empieza en el momento en el que tanto él como los jugadores entran en el terreno de juego para iniciar el partido, y terminan al finalizar el mismo.

[16] *Op. cit.* (2) –Pág. 9–.

- El International Board especifica, además, que el árbitro debe informar *"a las autoridades competentes sobre toda incorrección o mala conducta por parte de los espectadores, oficiales, jugadores, sustitutos inscritos o de otras personas que concurran al terreno de juego o a sus inmediaciones, antes, durante o después del partido..."*
En este caso, las sanciones vendrán determinadas por dichas autoridades.

2. DECISIONES DEL ÁRBITRO

"... su decisión de hecho en relación con el juego deberá ser definitiva, en tanto que se refiere al resultado de juego..."

- Imaginemos que en el resultado final de un partido ha influido una decisión del árbitro que, posteriormente, se ha comprobado que fue incorrecta. En este caso, es posible que el organismo competente determine o modifique la sanción de un jugador ocasionada por esta decisión, pero en ningún caso podrá variar el resultado del encuentro (aunque sí se podrá determinar la repetición del mismo).

3. "LEY" DE LA VENTAJA

"... se abstendrá de castigar en aquellos casos en que si lo hiciera estimase que favorecería al bando que cometió la falta..."

- Se trata de que si el equipo o jugador que controla el balón, aun sufriendo la realización de una falta, puede continuar la jugada con manifiesta ventaja en relación al contrario, el árbitro no debe detener el juego, ya que con ello beneficia al equipo infractor.
- Sin embargo, para aplicar esta "ley", no es suficiente el simple hecho de que el balón continúe en poder del equipo que recibió la falta, sino que debe manifestarse una clara ventaja de este equipo sobre el contrario.
- Supongamos que en un contraataque el jugador -1- intenta realizar una pared con su compañero -2-. El defensor -3- comete falta sobre -1-, y pasa a apoyar a un compañero en defensa.
  - De una posible situación de clara ventaja para los atacantes si hubiera sido superado el defensor -3-, pasamos a (Fig. 2) una situación de clara desventaja del atacante, que se encuentra solo ante dos defensores.

– En este caso, no sería correcto aplicar la ley de la ventaja, puesto que beneficiaría al equipo infractor.
- Una vez que el árbitro ha decidido aplicar la "ley de la ventaja", y aun en el caso de que esa ventaja se pierda en la jugada posterior, el árbitro no podrá modificar su decisión anterior y señalar la falta que existió. Las decisiones del International Board especifican:

"... cuando el árbitro ha decidido aplicar la ley de la ventaja y permite que siga el juego, no podrá de forma alguna revocar su primera decisión..."

- A pesar de que el árbitro permita la continuación de la jugada, el jugador podrá ser amonestado, debiendo esperar el colegiado para ello a la primera ocasión en que se detenga el juego.

4. COMPETENCIAS DEL ÁRBITRO

- Son competencias del árbitro, entre otras:

  - Inspeccionar el terreno de juego.
  - Cronometrar el partido, añadiendo la pérdida de tiempo que haya existido.
  - Detener el juego cuando se cometan infracciones.
  - Interrumpir o suspender definitivamente el partido cuando lo estime necesario.
  - Amonestar, mostrando la tarjeta amarilla, a cualquier jugador que proceda de forma incorrecta o indigna.
  - Prohibir la entrada al terreno de juego, sin su autorización, a cualquier persona, a excepción de los jugadores y los jueces de línea.

– Interrumpir el juego si cree que un jugador ha sufrido una lesión de importancia.
– Expulsar del terreno a un jugador, mostrándole la tarjeta roja, en los casos que especifica la regla.
– Dar la señal para que se reanude el juego tras una detención.
– Comprobar que los balones presentan las condiciones reglamentarias.
– Confeccionar el acta del partido.

5. EL ÁRBITRO, ÚNICO JUEZ DEL PARTIDO

"... los jueces de línea no son más que colaboradores del árbitro... el árbitro podrá tomar en consideración la intervención de un juez de línea..."

- El juez de línea no tiene capacidad de decisión, sino que tan sólo se limita a facilitar la labor del árbitro, indicándole las infracciones y situaciones que por su posición puede observar con mayor precisión.
- El árbitro, a instancias del juez de línea, puede anular un gol que haya concedido previamente, siempre que *"... el juego no haya sido reanudado..."*

6. ESPÍRITU DE LAS REGLAS

"... los encuentros deben ser jugados con el menor número posible de interrupciones y, por ello, el deber del árbitro es sancionar solamente las infracciones cometidas intencionadamente..."

- Por lo tanto, cualquier infracción cometida por un jugador sobre otro, si el árbitro no considera que es intencionada, no debe señalarla.
- La dificultad del árbitro consiste en apreciar la intencionalidad por parte del jugador en cometer la infracción. Dada la ausencia de criterios concretos unificados que determinen la existencia de esta intencionalidad, cualquier decisión del árbitro debe considerarse correcta.
- Como ejemplo, exponemos algunos criterios según los cuales se considera o se ha considerado la ausencia de intencionalidad:
  - Tocar el balón previamente al contacto físico con el contrario.
  - Contacto del balón sobre el brazo/mano cuando éste está pegado al cuerpo.

**Gráfico 1:
INDUMENTARIA
E IMPLEMENTOS
DEL ÁRBITRO**

- El color de la camiseta no debe coincidir con el de los equipos.
- La forma de sujetar el silbato puede incidir en la lentitud o en la precipitación con la que se señala

EQUIPO LOCAL				EQUIPO VISITANTE			
Nº Jugador		Minutos		Nº Jugador		Minutos	
Amones.	Exp.	1.ª P.	2.ª P.	Amones.	Exp.	1.ª P.	2.ª P.
1				1			
2				2			
3				3			
4				4			
5				5			
6				6			
7				7			
8				8			
9				9			
10				10			
11				11			
12				12			
13				13			
14				14			
15				15			
16				16			
SUSTITUCIONES							
Ent.	Sal.	1.ª P.	2.ª P.	Ent.	Sal.	1.ª P.	2.ª P.

una falta, aspecto este último que no facilita la aplicación de la ley de la ventaja.

Gráfico 2:
SEÑALIZACIONES
DEL ÁRBITRO

"... se hacen esencialmente con la intención de indicar cuál debe ser la próxima acción en el juego, y no para justificar dicha acción..."

Continuación de la "Ley de la ventaja"

BEBA COLCHO S COMODIC SALUD

Tiro de penal

Tiro libre indirecto

Tiro libre directo

Saque de meta

Saque de esquina

*Amonestación o
expulsión*

- Recogemos en este apartado los precisos consejos que Pedro Escartín dirige a los árbitros en su libro *Reglamento de Fútbol comentado*[17] de las páginas 7 a la 15.
  - "... Repasa con frecuencia el Reglamento de Fútbol... Siempre encontrarás en él algo que refuerce tus conocimientos o, cuando menos, los refresque..."
  - "... Ni antes ni después del partido aceptes invitaciones o comidas de los dirigentes del club o personas afines a ellos..."
  - "... Llega al campo una hora y media antes de comenzar el encuentro. Hazte cargo de las fichas... Extiende luego el acta..."
  - "... Cuando elijas lo que ha de ser tu vestuario arbitral procura ser discreto. No llames la atención por nada y date cuenta cómo el público fiscaliza los menores detalles..."
  - "... En el vestuario... no hables de tus propósitos sobre tal o cual jugador. Las palabras... pueden ser escuchadas por quien las interprete de modo sinuoso y perjudicial para tu labor..."
  - "... Antes de salir al campo, a solas con los jueces de línea, indica a éstos las instrucciones sobre la forma en que te han de ayudar..."
  - "... Sé justo y procura seguir el juego de cerca. Corre cuanto puedas, sin estorbar las jugadas..."
  - "... Cuando castigues, pita con decisión y rapidez... De esta forma llevarás al público la sensación de que conoces tus deberes y el jugador verá en ti un hombre enérgico conocedor del arbitraje..."
  - "... Nunca llames la atención a un jugador poniéndole la mano encima..."

[17] ESCARTÍN, Pedro. *Reglamento de Fútbol comentado.* Editorial Librerías Deportivas Esteban Sanz. Madrid. Septiembre, 1993.

– "... Como eres hombre... te equivocarás; mas cuando reconozcas el error... no quieras compensar, favoreciendo al bando perjudicado..."

– "... Debe ser su presentación..." (tarjetas amarillas y rojas)

"... un acto mudo, sin gestos teatrales..."

– "... No tengas dos criterios: uno para las faltas cometidas dentro del área y otro destinado a las que, siendo iguales, ocurren fuera..."

– "Procura que oigan tu silbato, y si dudas de que esto haya sucedido, indica con el brazo la nulidad de cuanto haya ocurrido..."

– "... Si durante el encuentro ocurre cualquier incidente... con el público, en modo alguno intentes solucionarlo personalmente... Requiere al Delegado de campo..."

– "... Al sancionar un penalty "... no ordenes su ejecución sin antes echar una rápida ojeada para cerciorarte de que todos los jugadores se hallan bien colocados..."

– "... Procura que los saques libres directos e indirectos se efectúen con la mayor velocidad, pero con el balón quieto... y sin dar tiempo a que se coloque el bando infractor... Cuando hagas la medición de los 9,15, hazlo por un lado de la barrera y no de frente, empujando a los jugadores..."

– "... Ten cuidado en tus comentarios. Cualquier indiscreción puede proporcionarte disgustos..."

– "... En tus informes... jamás te dejes llevar por el sentido de venganza, simpatía o antipatía. Tú cuenta la verdad de los hechos en forma llana y simple..."

– "... Hay que trabajar con sobriedad. Algunos colegiados resultan demasiado gesticulantes, bracean, explican sus decisiones. Esto es malo para su autoridad..."

– "... el capitán de un equipo carece de derechos especiales. Es igual que todos, salvo su responsabilidad ante el árbitro por la conducta del equipo..."

– "... En el cursillo europeo de Zeist se acordó «nada más irritante que ver como una bella fase de juego, verla cortada por un golpe de silbo, que es lo que deseaba el infractor». Aguardad unos segundos, pero bien entendido que cumplir la ventaja no debe ser el precio de perder el control del juego. Si con el pretexto de aquello toleráis faltas deliberadas perderéis el control del partido..."

Igualmente recordamos las conclusiones que a este respecto se decidieron en el Comité Técnico de árbitros en julio de 1994:

"E) RECOMENDACIONES FINALES

– Las declaraciones del partido o sobre cuestiones directamente relacionadas con él se deben hacer 48 horas antes o después del partido arbitrado.
– Rechazad las fórmulas de preguntas capciosas, llevan implícitas las respuestas. Lo inteligente no está reñido con lo cordial.
– Jamás se debe enjuiciar a un compañero. Éticamente es reprobable, personalmente es incomprensible y colectivamente inaceptable.
– No haced con vuestros gestos remedos de comportamientos indicando que un jugador fingió la caída, se tiró en plogeon, etc.
– La austeridad en la gesticulación acrecentará vuestra seriedad y afirmará el buen estilo.
– Tratad a los jugadores con absoluta corrección, mostradles las tarjetas con energía pero sin la menor agresividad (brazo extendido).
– El tratamiento personal en el campo ha de ser siempre el de Usted.
– No haced valoraciones sobre el partido. Discutirlo con vuestros jueces de línea o delegados, jamás con otras personas.
– Mantened, finalmente, a punto vuestra salud y vuestra preparación física. Acudid al apoyo del Comité y de la RFEF en esas cuestiones."[18]

[18] Op. cit. a (10) Pág. 63.

- Es importante que exista, por parte del jugador, una total predisposición de ayuda al árbitro en su difícil labor.
Por otro lado, el jugador espera del árbitro que "entienda" algunas reacciones puntuales de los futbolistas (motivadas por la tensión del encuentro), diferenciándolas de aquellas actitudes que son claramente premeditadas.

REGLA VI — Los jueces de línea

TEXTO OFICIAL DE LA REGLA

Se designarán dos jueces de línea que tendrán la misión de indicar, a reserva de lo que decida el árbitro,

a) Cuando el balón está fuera del juego;

b) a qué bando corresponde efectuar los saques de esquina, de meta o de banda;

c) la intención de realizar una sustitución. Ayudarán igualmente al árbitro a dirigir el juego conforme a las Reglas. En caso de intervención indebida o de conducta incorrecta de un juez de línea, el árbitro prescindirá de sus servicios y tomará las disposiciones para que sea sustituido, dando cuenta del hecho al organismo competente. Los jueces de línea serán provistos de banderines que facilitará el club en cuyo terreno se juegue el partido.

DECISIONES DEL INTERNATIONAL BOARD

1. Los jueces de línea neutrales deben llamar la atención del árbitro sobre toda infracción a las Reglas de Juego comprobada por ellos y si estiman que el árbitro no pudo verla, pero el árbitro será siempre último juez en la decisión a tomar.

2. En partidos internacionales "A", las asociaciones nacionales deberán nombrar jueces de línea neutrales incluidos en la Lista internacional.

3. En partidos internacionales, los banderines de los jueces de línea deberán ser de colores vivos, considerándose los más indicados rojo y amarillo. Se recomienda el uso de tales banderines para todos los demás partidos.

4. Un juez de línea no puede ser objeto de sanción más que tras informe del árbitro por ingerencia no justificada o insuficiencia en la obra de colaboración y asistencia al árbitro.

INSTRUCCIONES ADICIONALES DE LA REGLA DE JUEGO

COOPERACIÓN ENTRE EL ÁRBITRO Y LOS JUECES DE LÍNEA

En las Reglas de Juego expuestas en las páginas de esta publicación no existen instrucciones relativas a la posición que deben adoptar el árbitro y los jueces de línea durante un partido. Hay, sin embargo, instrucciones en las Reglas V y VI que contemplan los poderes y los deberes del árbitro y los jueces de línea, que, si son correctamente interpretadas, facilitarán la colaboración. La Regla VI estipula que deben ser nombrados dos jueces de línea, cuyo deber (sujeto a la decisión del árbitro) será:

a) Indicar cuando el balón sale del terreno de juego.

b) Indicar cuando el balón traspase la línea de meta, si se debe conceder un saque de esquina o uno de meta.

c) Indicar a cuál de los equipos le corresponde efectuar el saque de banda.

d) Colaborar con el árbitro para que el juego se desarrolle de acuerdo con las Reglas.

La colaboración a que se refiere el apartado d) consiste en:

1. Indicar cuando todo el balón está fuera del terreno de juego.

2. Indicar cuál de los dos equipos tiene derecho al saque de esquina, saque de meta o saque de banda.

3. Llamar la atención del árbitro en los casos de juego ilícito o de conducta incorrecta.

4. Indicar al árbitro la intención de realizar una sustitución.

5. Expresar su opinión sobre cualquier punto dudoso, siempre que se la pida el árbitro.

Jueces de línea neutrales

La asistencia arriba mencionada la hacen en mejor forma los jueces de línea neutrales. Cuando se trata de jueces de línea del club, la colaboración será limitada, ya que generalmente no se les encomiendan los puntos 2, 3 y 4. Si se trata de jueces de línea neutrales, éstos deben colaborar como árbitros asistentes. Es obvio que la actitud del árbitro en tal caso ha de ser otra, ya que en realidad hay tres oficiales que controlan el juego; el árbitro es autoridad suprema y los jueces de línea le ayudarán en el control correcto del partido.

Jueces de línea de clubes

A fin de lograr una colaboración lo más eficaz posible de parte de los jueces de línea de clubes, se recomienda el siguiente procedimiento:

1. El árbitro y ambos jueces de línea de clubes celebran una entrevista antes de comenzar el partido. Éstos recibirán del árbitro sus instrucciones y serán advertidos que la decisión del árbitro es definitiva y que debe ser acatada sin discusión.
2. Su colaboración en calidad de jueces de línea de clubes consiste en indicar al árbitro, a reserva de lo que éste decida, cuando el balón salió totalmente fuera de la línea de banda y a qué equipo corresponde efectuar el saque de banda.

COMITÉ TÉCNICO DE ÁRBITROS

D) Regla VI

– Señalar en 2 tiempos, mirando siempre al árbitro.
Esto significa que los jueces de línea tienen doble trabajo pues deben estar atentos al juego, pero al mismo tiempo al árbitro.
– Llevar el banderín permanentemente desplegado (carrera y parado).
– No debe autorizar la entrada de masajistas, médicos, etc., sin el permiso del árbitro, ni señalar la aplicación de ventaja.
– Vigilar en los saques de meta y cuando el portero tiene el balón blocado la línea frontal del área de penalty.
– Conservar la alineación con el penúltimo defensa; las desviaciones por el ángulo de visión son muy frecuentes, por lo que debe mantenerse siempre la línea perpendicular.
– Si aprecia falta previa a un gol debe quedarse quieto sobre el córner; si, pese a ser visto por el árbitro, éste concede el gol y corre hacia el centro, debe seguirle en paralelo.
– Por contra, el árbitro antes de señalar la concesión de un gol DEBE MIRAR al auxiliar y posteriormente tomar la decisión oportuna o efectuar

una consulta, NUNCA HACERLO DESPUÉS DE MARCAR EL SAQUE DE CENTRO.

– Los auxiliares NO DEBEN DIRIGIR el partido desde la banda y han de colaborar con el árbitro en su trabajo, evitando crear situaciones que pongan de manifiesto descoordinación o falta de entendimiento entre ambos.

– El juez de línea no debe marcar sólo la "posición de fuera de juego" sino que para levantar la bandera debe tener muy en cuenta la zona de influencia del jugador, posteriormente el árbitro sancionará si confirma la influencia observada por el auxiliar.

– Por otra parte, si un juez de línea DUDA en cuanto a si un jugador está o no en posición de fuera de juego con influencia, deberá favorecer el ataque, es decir, no señalará el posible "fuera de juego" (Instrucciones FIFA circ. nº 534, 25/07/94).

OBJETIVO Y CONSIDERACIONES DE LA REGLA

Tal como hemos comentado en este apartado de la Regla V, además de la correcta interpretación del Reglamento, el árbitro tiene unas dificultades añadidas, propias de las características específicas del fútbol. Por ello, el reglamento prevé la incorporación de 2 jueces de línea, que ayudan al árbitro en las situaciones y/o circunstancias que le resultan más difíciles de apreciar correctamente:

– Indicar cuándo el balón ha traspasado totalmente los límites del terreno, y quién y de qué forma debe reanudar el juego.
– Indicar al árbitro las incorrecciones que, por su situación, no ha podido apreciar.
– Informar al árbitro de la intención de realizar una sustitución por parte de un equipo.
– Señalizar las situaciones de fuera de juego.

En los partidos de alta competición se incorpora la figura del 4º árbitro, que realizará sus funciones en relación a las actividades y situaciones que son externas al desarrollo del juego.

Habitualmente, los jueces de línea son los denominados, en el apartado de decisiones del International Board, como "neutrales"; es decir, son árbitros que ejercen la función de jueces de línea.

El reglamento contempla la posibilidad de que existan jueces de línea que pertenezcan a los clubes que se enfrentan ("de clubes") ; en este caso, la colaboración con el árbitro será limitada.

La participación de jueces de línea en competición es obligada a partir de 1ª categoría Regional, y en la Liga Nacional de juveniles en fútbol-base.

ANÁLISIS COMENTADO DE LOS ASPECTOS RELEVANTES DE LA REGLA Y SUS CONSECUENCIAS PRÁCTICAS

1. BANDERINES DE LOS JUECES DE LÍNEA

"... los jueces de línea serán provistos de banderines que facilitará el club en cuyo terreno se juegue el partido..."

• El banderín es la herramienta que permite al juez de línea alertar al árbitro sobre la existencia de una incorrección.

- Indica también, utilizando las señales establecidas, qué tipo de circunstancia se ha producido.
- El árbitro debe distinguir con facilidad cuándo es avisado por el juez de línea. Por ello, el International Board determina que *"... los banderines de los jueces de línea deberán ser de colores vivos, considerando los más indicados rojo y amarillo..."*

EJEMPLOS GRÁFICOS COMENTADOS

Gráfico 1:
SEÑALIZACIONES
DE LOS JUECES
DE LÍNEA

Fuera de juego a) Advertencia

- El juez de línea debe sostener el banderín hacia arriba para informar al árbitro de que existe una posición de fuera de juego sancionable.

Fuera de juego a) Advertencia

Fuera de juego b)

Fuera de juego B)

• Una vez el árbitro ha detenido el juego por posición de fuera de juego, cuando éste se haya cometido cerca de la línea de banda contraria a la que está el juez de línea, éste deberá señalar, tal como indica el dibujo, hacia la parte más alejada del terreno.

Fuera de juego c)

• Una vez el árbitro ha detenido el juego por posición de fuera de juego, cuando éste se haya cometido cerca del centro del campo, el juez de línea deberá señalar hacia la mitad del terreno, tal como indica el dibujo.

Fuera de juego d)

• Una vez el árbitro ha detenido el juego por posición de fuera de juego que se ha cometido

Fuera de juego c)

Fuera de juego d)

cerca de la línea de banda donde se encuentra el juez de línea, éste deberá señalarlo tal como se indica en el dibujo.

Saque de banda

Saque de banda

- En el momento que el balón deje de estar en juego al traspasar la línea de banda del lado del campo que controla, el juez de línea deberá indicarlo tal como se expone en el dibujo, señalando posteriormente con el banderín la dirección del lanzamiento.
  También debe señalar si los pies del lanzador están ubicados incorrectamente en el momento de realizar el saque

Saque de esquina

- Cuando el balón traspasa totalmente la línea de meta tocado en último lugar por un jugador del

Saque de esquina

equipo defensor, el juez de línea señalará con su banderín hacia la esquina, tal como se indica en el dibujo.

Saque de meta

Saque de meta

Gol

- Una vez que el árbitro ha indicado que se ha marcado un gol, el juez de línea, si no ha aparecido ninguna irregularidad, deberá correr rápidamente hacia su posición en la línea de medio campo.

Gol

Sustitución

- En el momento que se halle preparado un jugador sustituto para reemplazar a un jugador, el juez de

Sustitución

línea más próximo al punto de sustitución llamará la atención del árbitro con el banderín de la forma que se indica en el dibujo.

COMENTARIOS SOBRE LA APLICACIÓN DE LA REGLA Y LAS POSIBILIDADES DE JUEGO QUE OFRECE

- Las Instrucciones Adicionales sobre las Reglas de Juego,[19] en el apartado "Cooperación entre el árbitro y los jueces de línea", se indican aspectos que el árbitro debe concretar con sus ayudantes, indicándoles:

– *"... la hora por su reloj..."*

De esta forma, los jueces de línea podrán informar al árbitro del tiempo transcurrido, si por cualquier causa éste lo solicita.

– *"... el lado del campo que cada auxiliar habrá de vigilar durante cada mitad del partido..."*

[19] Op. cit. en (1) pág. 79

Cada juez de línea controla una mitad del terreno. Es el árbitro quien decide en qué mitad se situará cada juez en la 1ª y en la 2ª parte del encuentro. El recorrido en diagonal que realiza el árbitro para controlar el partido crea, en cada medio campo, unas "zonas oscuras" que deben ser cubiertas por los jueces de línea.

– "... sus obligaciones antes del partido..."

El juez de línea puede ayudar al árbitro en la revisión de las redes de las porterías, los balones, el estado del terreno de juego, y el equipaje, vestimenta y tacos utilizados por los jugadores.

– "... cuál será el auxiliar de línea principal en caso de necesidad..."

Debe preverse este hecho fundamentalmente para saber qué juez de línea sustituirá al árbitro en caso de que éste deba dejar de ejercer como juez del encuentro.

– "... la señal que hará para indicar que ha visto la indicación del juez de línea, pero que ha decidido no aceptarla..."

Una vez que el juez de línea ha indicado al árbitro su apreciación, debe cesar inmediatamente su indicación cuando percibe que el árbitro se ha dado cuenta de su señal. De esta forma evitará confusión y malas interpretaciones de jugadores y público. De ahí la necesidad de establecer una señal que confirme ese conocimiento por parte del árbitro.

• En los casos en que exista la participación del 4º árbitro, éste tendrá las siguientes competencias:
  – Controlar que se respeten los límites del área técnica por parte del técnico encargado de transmitir las instrucciones tácticas a su equipo. Igualmente deberá observar que la conducta del director técnico y otros ocupantes del banquillo sea irreprochable en todo momento.

– Informar de los dorsales de los jugadores sustituido y sustituto en un cambio, revisando el equipaje y los tacos utilizados por este último.
– Controlar que el calentamiento de los jugadores sustitutos se realice en la debida forma y lugar.

El partido comprenderá dos tiempos iguales de 45 minutos cada uno, salvo acuerdo contrario, quedando entendido:

a) que el árbitro deberá añadir a cada período el tiempo que estime que haya sido perdido a consecuencia de sustitución, de sacar del campo a los jugadores lesionados, pérdida de tiempo u otra causa;

b) que la duración de cada período deberá ser prolongada a fin de permitir la ejecución de un penal.

El intervalo del medio tiempo no deberá exceder de quince minutos.

El reglamento de la competición deberá estipular claramente la duración del intervalo del medio tiempo.

La duración del intervalo del medio tiempo podrá alterarse únicamente con el consentimiento del árbitro.

DECISIONES DEL INTERNATIONAL BOARD

1. Si por una de las razones indicadas en la Regla V, el árbitro ha suspendido un partido antes del tiempo reglamentario, éste deberá jugarse por completo a menos que el reglamento de la competición respectiva prevea que el resultado quede tal y como estaba en el momento de haberse parado el encuentro.

2. Los jugadores tienen derecho a un descanso en el medio tiempo.

INSTRUCCIONES ADICIONALES DE LA REGLA DE JUEGO

LIBRO XVII DE LA RFEF

Artículo 12

Los equipos deberán presentarse en el terreno de juego con una hora, al menos, de antelación a la señalada para el comienzo del partido de que se trate.

OBJETIVO Y CONSIDERACIONES DE LA REGLA

Como hemos visto anteriormente la duración de un partido es de 2 tiempos de 45 minutos cada uno. Sin embargo, el reglamento prevé la posibilidad de modificar la duración de los mismos para partidos de jugadores menores de 16 años de edad, para partidos jugados por mujeres y para veteranos.

La duración de los tiempos establecida para las distintas categorías, según los Estatutos y Reglamento Orgánico de la Federación Catalana de Fútbol son:

- En Benjamines: 50 minutos en dos tiempos de 25
- En Alevines: 60 minutos en dos tiempos de 30
- En Infantiles: 70 minutos en dos tiempos de 35
- En Cadetes: 80 minutos en dos tiempos de 40
- En Juveniles: 90 minutos en dos tiempos de 45
- En Aficionados: 90 minutos en dos tiempos de 45
- En Sala: 50 minutos en dos tiempos de 25
- En Femenino: 80 minutos en dos tiempos de 40

ANÁLISIS COMENTADO DE LOS ASPECTOS RELEVANTES DE LA REGLA Y SUS CONSECUENCIAS PRÁCTICAS

1. DURACIÓN DEL PARTIDO
- Durante el transcurso del encuentro, el árbitro deberá parar su cronómetro en los casos establecidos en la regla:

– "a consecuencia de sustitución..."
– "de sacar del campo a los jugadores lesionados..."
– "pérdidas de tiempo u otras causas..."

- Estas "otras causas", según el Comité Técnico de Árbitros, son:
"... Salida del balón fuera del recinto.
Retención del balón por el público.
Lesiones y entradas de masajista y médicos.
Sustituciones y expulsiones.
Invasiones del terreno.
Causas que obliguen a amonestar "por pérdida de tiempo..."

2. TIEMPO DE DESCANSO

"...el intervalo de medio tiempo no deberá exceder de quince minutos".

- El árbitro acostumbra a autorizar los 15 minutos entre el final de la primera parte y el inicio de la segunda.

• Éste tiempo de descanso, además de para la recuperación física, es aprovechado por el entrenador para reorientar el juego y dar las instrucciones y rectificaciones necesarias para afrontar el segundo período.

3. PROLONGACIÓN DEL PARTIDO

"...la duración de cada período deberá ser prolongada a fin de permitir la ejecución de un penalti..."

- El árbitro señalará el final del partido cuando finalice la ejecución del penalti, tanto si el balón entra a gol como si no. En ningún caso se dará validez cuando el balón sea tocado por un segundo jugador, a excepción del portero defensor.

4. PRÓRROGAS

- En el caso de finalizar en empate un encuentro o eliminatoria del que deba salir un equipo vencedor, deberá jugarse una prórroga de 30 minutos, dividida en dos partes de quince, separadas por un descanso de cinco..."

5. INTERRUPCIÓN DEL PARTIDO

"...si por una de las razones indicadas en la Regla V..." (a causa de los elementos, de la intervención de los espectadores o por otros motivos) *"...el árbitro ha suspendido un partido antes del tiempo reglamentario, éste deberá jugarse por completo..."*

- Queda clara, pues, la necesidad de repetir el encuentro en tales circunstancias. Sin embargo, la regla da opción a que las distintas asociaciones prevean la posibilidad de dejar como definitivo el resultado existente en el momento de la suspensión.

"...a menos que el reglamento de la competición respectiva prevea que el resultado quede tal y como estaba en el momento de haberse parado el encuentro..."

EJEMPLOS GRÁFICOS COMENTADOS

Gráfico 1: INDICACIÓN DE PÉRDIDA DE TIEMPO

- La Comisión Técnica de árbitros concreta:

"... lo inadmisible es señalar el reloj golpeándolo con un dedo, indicándole a un jugador que está perdiendo el tiempo (retención del guardameta; lentitud notoria en saques de meta o banda; en cambios de jugadores para ejecutar los

lanzamientos, etc.) y no amonestarlo. *Esto es una pérdida de tiempo consentida, una simulación de añadido que no responde más que a un gesto inútil, más propio de escenarios que de terrenos de juego: 'todo jugador que pierda tiempo deberá ser amonestado por conducta incorrecta' (Circular de FIFA nº 534...)"*

Gráfico 2: FINAL DEL PARTIDO

- Una vez que el árbitro observa en su cronómetro que se ha cumplido el minuto 45, añadidas las pérdidas de tiempo que se hayan producido, debe señalar el final del encuentro, sea cual sea en ese preciso instante la situación del juego, excepto en el supuesto de que haya señalado un penalti. En este caso, deberá esperar a pitar el final a que se ejecute el mismo.

COMENTARIOS SOBRE LA APLICACIÓN DE LA REGLA Y LAS POSIBILIDADES DE JUEGO QUE OFRECE

- Resulta básico para el éxito de un equipo que sus jugadores manifiesten un nivel de esfuerzo físico que les permita hallarse a pleno rendimiento durante todo el encuentro.
  Para ello, al planificar el entrenamiento físico, es fundamental tener en cuenta:
  – La duración del partido. (Tiempo total de esfuerzo).
  – La existencia de un período intermedio de descanso. (Tiempo de recuperación).

– La posibilidad de que exista un período de tiempo adicional. (Prórroga).

La existencia de 2 partes permite, además, al entrenador modificar los planteamientos tácticos en relación a los objetivos y características de su equipo.

• Es importante para el árbitro estar lo más cerca posible de la jugada para que sus decisiones sean correctas. Teniendo en cuenta que el partido tiene una duración de 90 minutos y que hay continuos y rápidos cambios de juego, además de una buena preparación física, el árbitro necesita dosificar su esfuerzo, de forma que pueda mantener esta colocación durante todo el encuentro.

REGLA VIII

Saque de salida

a) Al iniciarse el partido (saque de salida). La elección de campos y del saque de comienzo se sorteará mediante una moneda. El bando favorecido por la suerte tendrá el derecho de escoger, bien sea su campo o efectuar el saque de comienzo.

A una señal del árbitro, el juego comenzará con un saque a balón parado, es decir, con un puntapié dado al balón colocado en tierra en el centro del terreno, en dirección al campo contrario. Todos los jugadores deberán estar situados en su propio campo y los del bando contrario a aquel que efectúa el saque de salida no podrán acercarse a menos de 9,15 mts. del balón antes de que el saque haya sido ejecutado. No se considerará en juego el balón hasta que haya recorrido una distancia igual a su circunferencia. El jugador que ejecute el saque de salida no podrá jugar de nuevo el balón antes de que éste haya sido jugado o tocado por otro jugador.

b) Después de marcado un tanto. El juego se reanudará de la misma forma antes indicada, haciendo el saque de salida un jugador del bando contrario al que marcó el tanto.

c) Después del descanso. Los equipos cambiarán de campo y el saque de salida lo efectuará un jugador del bando contrario al que hizo el saque de comienzo.

Sanción: En caso de infracción de esta Regla, se repetirá el saque de salida, excepto si el jugador que hizo el saque volvió a jugar el balón antes de haber sido tocado o jugado por otro jugador; en este caso, se concederá al bando adversario un tiro libre indirecto en el sitio en que se cometió la falta, sujeto a las condiciones predominantes impuestas por la Regla XIII.

No puede ganarse un tanto directamente de un saque de salida.

d) Después de las interrupciones temporales. Para reanudar el partido después de una interrupción temporal del juego provocada por una causa no indicada en alguna de las Reglas, siempre que el balón no haya traspasado una línea de banda o de meta inmediatamente antes de la interrupción, el árbitro dejará caer a tierra el balón en el sitio en que éste se encontraba en el momento de la interrupción, a menos que hubiera estado en ese momento en el área de meta, en cuyo caso el balón deberá ser botado sobre la parte de la línea del área de meta que se encuentra paralela a la línea de meta, en el punto más cercano al sitio donde se encontraba cuando el partido fue detenido. Se considerará en juego desde el momento en que haya tocado el suelo. Si el balón puesto en juego por el árbitro traspasa una línea de banda o de meta antes de haber sido tocado por un jugador, el árbitro echará nuevamente el balón a tierra. Ningún jugador podrá jugar el balón antes de que éste haya tocado el suelo. Si esta última disposición no fuese respetada, el árbitro repetirá el balón a tierra.

DECISIONES DEL INTERNATIONAL BOARD

1. Si, cuando se ejecuta un balón a tierra por el árbitro, un jugador comete una falta cualquiera, antes que el balón haya tocado el suelo, el jugador infractor debe recibir una amonestación o ser excluido del terreno, según la gravedad de la falta, pero no podrá conceder un tiro libre al equipo contrario, puesto que la pelota no estaba en juego en el momento de la infracción. El árbitro deberá repetir el balón a tierra.

2. El saque de salida no puede ser efectuado por otras personas que los jugadores que toman parte en el encuentro.

INSTRUCCIONES ADICIONALES DE LA REGLA DE JUEGO

COMITÉ TÉCNICO DE ÁRBITROS

Dado que es frecuente que el compañero que apoya al jugador que realiza el saque se coloque en campo contrario, antes de que éste sea realizado, el Comité Técnico de árbitros especifica:

– No permitir que un compañero del jugador que efectúa el saque de salida esté ya colocado en el campo adversario antes de estar el balón en juego.

Igualmente, en relación al inicio del juego, indica:

– "No se debe solicitar la confirmación de los porteros, para iniciar el encuentro."[20]

OBJETIVO Y CONSIDERACIONES DE LA REGLA

El saque de salida es aquel que se utiliza para iniciar el partido. Además también se realiza para:

– Reanudar el juego después de haberse marcado un gol.
– Iniciar la segunda parte del encuentro.

En caso de que existiera una prórroga, también se utilizará para iniciar los dos tiempos de la misma.

En esta regla, además, se expone que, cuando se produce una interrupción temporal del juego por una causa que el reglamento no concreta cómo y quién debe reanudarlo, se debe proceder a efectuar un "saque neutral", lo que en el reglamento se especifica como balón a tierra.

"... En 1886, en una circular enviada por la *Football Association* a los organizadores de encuentros, se disponía que el saque inicial debía hacerse *hacia adelante*.

En 1907 se desautorizó a otras personas que no sean los jugadores a hacer el saque inicial. Se permite un saque simbólico, llamado también "de honor", en encuentros benéficos o de homenaje, pero luego el saque debe ser repetido de modo oficial por un jugador".[21]

[20] Op. cit. (10). Pág. 61–
[21] Op. cit. en 2. (pág. 14).

1. SORTEO INICIAL

- Para decidir qué equipo será el que realice el saque de salida, el árbitro efectuará un sorteo entre los capitanes de ambos equipos. El vencedor podrá escoger entre:
  - que su equipo realice el saque de salida
  - o elegir el campo que ocupará durante la 1ª parte.

"…se sorteará mediante una moneda. El bando favorecido por la suerte tendrá el derecho de escoger, bien sea su campo o efectuar el saque de comienzo…"

- La única ventaja que puede comportar realizar el saque de salida es la posibilidad de realizar una acción de estrategia que pueda sorprender al contrario. Dada la baja eficacia de esta acción, la elección de campo puede resultar más ventajosa si se utiliza, entre otros motivos, en relación a:

- La orientación del sol en la 1ª parte.
- La dirección del viento (a favor o en contra).
- El estado de cada una de las mitades del terreno.
- La ubicación de los aficionados locales.

2. INICIO DEL PARTIDO

"...a una señal del árbitro, el juego comenzará..."

• A partir del sorteo, y para iniciar el juego, se tendrán en cuenta los siguientes aspectos:

- El balón estará parado sobre el punto señalizado en el centro del terreno.
- Los jugadores del equipo que realice el saque podrán colocarse donde deseen, siempre que estén en su mitad de campo.
- Los jugadores del equipo contrario deberán también estar dentro de su mitad de campo, alejados del balón al menos 9,15 m, no pudiéndose acercar hasta que éste no esté en juego.

– Para garantizar esta distancia se señaliza, alrededor del punto del centro del terreno, una circunferencia de 9,15 m de radio, dentro de la cual el árbitro no permitirá la presencia de ningún contrario en el momento del saque.
– El jugador que realiza el saque debe esperar a la señal del árbitro para desplazar el balón en dirección al campo contrario, no pudiendo tocarlo de nuevo hasta que lo haya hecho otro jugador.
– Ningún jugador podrá tocar el balón después de realizado el saque de salida hasta que éste no haya recorrido una distancia igual a la medida de su circunferencia (entre 68 y 71 cm).

3. SANCIONES

a) "...En caso de infracción de esta regla, se repetirá el saque..."

b) "...excepto si el jugador que hizo el saque volvió a jugar el balón antes de haber sido tocado o jugado por otro jugador; en este caso se concederá al bando adversario un tiro libre indirecto..."

- En el caso a) no se sanciona al equipo infractor, ya que en el momento de cometerse la infracción el balón aún no estaba en juego; por ello el árbitro sólo puede determinar la repetición del saque.
- En el caso b) puede darse que el jugador que realiza el saque toque el balón por segunda vez:
  – *Antes de que esté en juego:* En este caso se supone, ya que así lo concreta la regla, que deberemos proceder según el caso a).
  – *Una vez que el balón está en juego:* En este caso, el reglamento sanciona al equipo infractor con un tiro libre indirecto en contra.

4. GOL DIRECTO

"No puede ganarse un tanto directamente de un saque de salida..."

- En algunas ocasiones la situación adelantada del portero contrario permitiría intentar el gol directo desde el saque de salida. Sin embargo, la regla lo prohíbe explícitamente, si antes de conseguir el gol el balón no ha sido jugado o tocado por otro jugador.

En caso de obtenerse gol de forma directa desde el saque de salida, el juego se reanudará con un saque de meta.
- Podría ocurrir, sin embargo, que el portero, al no estar atento a la realización del saque, intentara despejar el balón, tocándolo, pero sin poder evitar que entrara en la portería. En este caso, el gol sería válido.

5. BALÓN A TIERRA

- El árbitro dejará caer el balón a tierra ("saque neutral") en el lugar en donde se encontraba en el momento de interrumpir el juego, excepto que:

"...hubiera estado en este momento en el área de meta, en cuyo caso..." lo hará en el punto de la línea frontal del área de meta más cercano a este lugar.

El balón "...se considerará en juego desde el momento en que haya tocado el suelo..."

- Por lo tanto, el árbitro deberá repetir el balón a tierra si:
  - Algún jugador toca el balón antes de que éste toque el suelo (el balón aún no estaba en juego).
  - Éste sale del campo sin que haya sido tocado por ningún jugador.
- Es frecuente ver, en un balón a tierra, cómo los jugadores en su afán por hacerse con el balón intentan controlarlo antes de que esté en juego. Tanto en este caso como en el supuesto de que se cometiera cualquier infracción antes de tocar el balón en el suelo, si el árbitro lo considera oportuno, el jugador infractor debe recibir:

"...una amonestación o ser excluido del terreno, según la gravedad de la falta, pero no podrá conceder un tiro libre al equipo contrario..."

EJEMPLOS GRÁFICOS COMENTADOS

**Gráfico 1:
REANUDACIÓN DEL
JUEGO ANTE
DESPERFECTOS EN
LAS PORTERÍAS**

- Mientras el juego se desarrolla normalmente, el larguero de una portería se rompe dado que en la jugada anterior el portero se había colgado de él. El portero al darse cuenta advierte al árbitro, quien detiene el juego, ordenando la reparación

de la portería. Una vez solucionado el desperfecto, el árbitro reanudará el juego mediante un balón a tierra.

En este caso no puede existir un equipo que se beneficie de la posesión del balón en la reanudación del juego. Por lo tanto, la única solución es que:

"…el árbitro deje caer a tierra el balón en el sitio en que éste se encontraba en el momento de la interrupción…".

Gráfico 2:
EJECUCIÓN DEL
BALÓN A TIERRA

• Para ejecutar el balón a tierra el árbitro DEJARÁ CAER el balón que tendrá sostenido con la palma de la mano.

En ningún caso deberá lanzarlo ni botarlo contra el suelo para no darle, aunque sea de forma involuntaria, una dirección determinada.

El balón no se considerará en juego hasta que no haya tocado el suelo. Por lo tanto, ningún jugador deberá tocarlo antes; de ser así deberá repetirse el balón a tierra.

Gráfico 3:
SAQUE DE SALIDA

• El jugador que realiza el saque pasa el balón hacia su compañero, de forma que el balón se desplaza sobre la línea de medio campo, controlándolo el compañero cuando aún no la ha sobrepasado.

En este caso, el saque debe repetirse ya que el balón no ha sido puesto en juego de forma reglamentaria, pues debería haberse realizado *"...con un puntapié dado... en dirección al campo contrario..."*.

"...No se considerará en juego el balón hasta que no haya recorrido una distancia igual a su circunferencia..."

Gráfico 4:
CÍRCULO CENTRAL

- La función del círculo central es delimitar la distancia de 9,15 m. a la que deben situarse los jugadores del equipo contrario al que realiza un saque de salida en el momento de su ejecución.

COMENTARIOS SOBRE LA APLICACIÓN DE LA REGLA Y LAS POSIBILIDADES DE JUEGO QUE OFRECE

- Antes del pitido inicial, él árbitro debe comprobar que:
  - Cada equipo no disponga de más de 11 jugadores sobre el terreno.
  - Todos los jugadores se hallen debidamente colocados.
  - Sobre el terreno no estén presentes objetos ni personas, aparte de los requeridos para el juego.
  - El balón esté debidamente colocado y parado, sobre el punto del centro del terreno.
- Los jugadores que efectúan el saque de salida acostumbran a retrasar el balón (una vez que ha sido realizado el saque). Esto es debido a que se hallan muy próximos a los contrarios en clara situación de inferioridad numérica, lo que conlleva un alto riesgo de pérdida del balón, y con ella la desaparición de la ventaja que supone realizar el saque.
  La acción de retrasar el balón sólo se ve modificada cuando se ha previsto una acción de estrategia; sin embargo, estas acciones son poco frecuentes desde el centro del terreno debido a la distancia y el número de adversarios existentes entre el balón y la portería contraria.
- En un balón a tierra resulta conveniente que se coloquen jugadores en disposición de realizar un correcto apoyo al compañero que disputa el balón en el saque, y una adecuada cobertura para el caso de que el contrario haya controlado el balón.

Balón en juego o fuera de juego

TEXTO OFICIAL DE LA REGLA

El balón está fuera del juego:
a) cuando ha traspasado completamente una línea de banda o de meta, ya sea por tierra o por aire;
b) cuando el juego ha sido detenido por el árbitro.

El balón está en juego en todo otro momento, desde el comienzo hasta el final del partido, incluso en los casos siguientes:
a) si vuelve al juego de rebote del larguero o de los postes de los marcos o de las banderolas de esquina;
b) si vuelve al juego después de haber tocado al árbitro o a un juez de línea situado en el interior del campo;
c) mientras no se adopte una decisión sobre una supuesta infracción de las Reglas del Juego.

DECISIONES DEL INTERNATIONAL BOARD

1. Las líneas pertenecen a las áreas que delimiten. Como consecuencia, las líneas de banda y las de meta forman parte del terreno de juego.

Como hemos visto en la Regla VII, el partido tiene una duración de 2 tiempos de 45 minutos cada uno, más el tiempo que el árbitro estime que se ha perdido. Durante todo el tiempo que dura el encuentro existen dos posibilidades:

– Que el balón ESTÉ EN JUEGO (Tiempo de juego real).
– Que esté FUERA DEL JUEGO (Juego detenido).

El porcentaje del tiempo que el balón está en juego es importante en relación a:

– el nivel de espectáculo y vistosidad del encuentro.
– la capacidad física requerida por los jugadores para mantener un alto nivel de esfuerzo.
– facilitar el control del juego por parte de los equipos que posean una mayor calidad técnica.

Por contra, el porcentaje de tiempo en que el balón está fuera del juego provoca:

– Aburrimiento del público.
– Apatía y falta de ritmo en el juego desarrollado por los equipos.
– Falta de continuidad entre las diversas jugadas.

La existencia de períodos en los que el balón está fuera del juego se debe fundamentalmente a:

– La utilización reiterada de la infracción y del juego violento.
– El bajo nivel de calidad de los equipos cuando se encuentran en situación de ataque.
– Las tácticas exageradamente defensivas utilizadas por un gran número de equipos.
– Las interrupciones innecesarias por parte del árbitro, según el espíritu de las reglas de juego.

Se han realizado estudios que relacionan la existencia de alguno de estos factores con un bajo nivel de espectáculo ofrecido en los encuentros:

*"Para comprobar estas afirmaciones...
basta remitirse a las estadísticas de algunos
encuentros de este Mundial'90:*

FALTAS COMETIDAS POR ENCUENTRO[1]
Cuadro Estadístico 1

ENCUENTRO		1ª PARTE	2ª PARTE	TOTAL DEL ENCUENTRO
España-Corea	Tº. J. Real	26' 51"	27' 21"	54' 12"
-1-	Nº Faltas	27	16	*43 FALTAS*
• Se cometió 1 falta cada		59"	1' 49"	1' 17"
Argentina-Brasil	Tº. J. Real	25' 09"	23' 05"	48' 14"
-2-	Nº Faltas	24	13	*37 FALTAS*
• Se cometió 1 falta cada		1' 03"	1' 46"	1' 18"
Italia-Uruguay	Tº. J. Real	28' 50"	24' 58"	53' 48"
-3-	Nº Faltas	18	21	*39 FALTAS*
• Se cometió 1 falta cada		1' 36"	1' 11"	1' 22"

[1] ... En todas las estadísticas que presentaremos en este escrito, se han contabilizado únicamente las infracciones cometidas en defensa, que fueron señaladas por el árbitro.
Es decir, no se han tenido en cuenta las infracciones realizadas en ataque, ni las que los colegiados dejaron sin señalar.

*(...) Creemos que después de exponer estos datos, podemos afirmar categóricamente que la infracción es utilizada con excesiva frecuencia."[22]
"Así, el fútbol de ataque... queda completamente imposibilitado... repetidamente en una serie de situaciones que se producen partido tras partido.*

Éstas son:

a) *La utilización del JUEGO VIOLENTO*
b) *La INFRACCIÓN PERSISTENTE de las reglas de juego*
c) *PÉRDIDA deliberada de TIEMPO (...)"*

[22] FRATTAROLA, C. "Situación actual del espectáculo en el Fútbol (I)" Revista *El Entrenador Español* nº 49, junio 1991. Comité Nacional de Entrenadores. Madrid. Págs. 50, 51 y 52.

INFRACCIÓN PERSISTENTE DE LAS REGLAS DE JUEGO

(...) Vemos unos datos obtenidos de diferentes encuentros de este Mundial: (...)

EJEMPLOS DESTACADOS DE INFRACCIÓN PERSISTENTE SIN SANCIÓN ADECUADA
Cuadro Estadístico 4

JUGADOR (Dorsal)	ENCUENTRO	ASPECTOS DESTACADOS
Gerets (2) –1–	BÉLGICA-Uruguay	Amonestado en la 1ª falta el árbitro permitió que en 1' 52" cometiera 4 infracciones antes de expulsarlo.
Moser (13) –3–	BRASIL-Suecia	Cometió 6 faltas (4ª y 5ª en 1' 31") Cometió 5 faltas en tan sólo 40 minutos de juego y no fue amonestado hasta la 5ª por juego violento.
Brehme (3) –5–	ALEMANIA-Yugoslavia	Cometió 5 faltas (3ª y 4ª en 37") sin ser amonestado.
Perdomo (5) –11–	URUGUAY-Italia	Cometió 6 faltas Fue amonestado en la 3ª por juego violento y siguió jugando a pesar de cometer 3 faltas más (4ª y 5ª en 2' 28")

• Los datos expresados en este cuadro han tenido en cuenta tan sólo el tiempo de juego real.

(...)

PÉRDIDA DELIBERADA DE TIEMPO

(...) Veamos algunos datos surgidos en encuentros de este Mundial:

TIEMPO PERDIDO POR ENCUENTRO				
Cuadro Estadístico 5				
ENCUENTRO		T°. JUEGO REAL	TIEMPO PERDIDO	T. TOTAL DE JUEGO
Argentina-Brasil	1ª Parte	25' 09"	20' 51"	46' 00"
–1–	2ª Parte	23' 05"	24' 05"	47' 10"
	PARTIDO	*48' 14"*	*44' 56"*	*93' 10"*
Argentina-Camerún	1ª Parte	29' 31"	16' 54"	46' 25"
–2–	2ª Parte	23' 11"	23' 10"	46' 21"
	PARTIDO	*52' 42"*	*40' 04"*	*92' 46"*
Italia-Uruguay	1ª Parte	28' 50"	18' 03"	46' 53"
–3–	2ª Parte	24' 58"	20' 52"	45' 50"
	PARTIDO	*53' 48"*	*38' 55"*	*92' 43"*
España-Corea	1ª Parte	26' 51"	19' 34"	46' 25"
–4–	2ª Parte	27' 21"	19' 54"	47' 15"
	PARTIDO	*54' 12"*	*39' 28"*	*93' 40"*
Brasil-Suecia	1ª Parte	30' 52"	15' 08"	46' 00"
–12–	2ª Parte	32' 07"	13' 49"	45' 56"
	PARTIDO	*62' 59"*	*28' 57"*	*91' 56"*

[23]

La diferencia de espectacularidad de los encuentros que combinan un elevado número de faltas con tiempos de juego realmente bajos, en comparación con los que presentan datos totalmente opuestos, es ciertamente notoria.

"Veamos un resumen de estos datos, comparando dos de los encuentros más espectaculares que tuvo Italia'90, con otros partidos.

Cuadro Estadístico 6						
	ING-ALE	CAM-ING	CAM-ARG	ITA-URU	ARG-BRA	ESP-KOR
T° Juego real	60' 07"	57' 17"	52' 42"	53' 48"	48' 14"	54' 12"
Faltas comet.	21	19	32	39	37	43
Promedio 1 falta cada	2' 51"	3' 01"	1' 38"	1' 22"	1' 18"	1' 17"

[23] Op. cit. en (22) (II) nº 50, septiembre 1991. Págs. 25, 26, 31, 32, 33.

Como vemos, las diferencias en los parámetros analizados resultan evidentes.

Así, si queremos lograr que el espectáculo sea una constante en el fútbol, deberemos evitar la aparición de los elementos que lo impiden"[24]

ANÁLISIS COMENTADO DE LOS ASPECTOS RELEVANTES DE LA REGLA Y SUS CONSECUENCIAS PRÁCTICAS

1. BALÓN FUERA DEL JUEGO

"El balón está fuera del juego:
a) Cuando ha traspasado completamente una línea de banda o meta…"

- El International Board especifica que *"Las líneas pertenecen a las áreas que delimiten. Como consecuencia, las líneas de banda y las de meta forman parte del terreno de juego."*
Por lo tanto, el árbitro no debe detener el juego hasta que el balón no haya sobrepasado totalmente la línea.

[24] Op. cit. en (22) (III) nº 51, diciembre 1991. Págs. 27, 28.

- En el caso del gráfico, si el balón es golpeado nuevamente por el jugador hacia el interior del terreno, no existe motivo para detener el juego ya que no *"...ha traspasado completamente..."* la línea.

Cuando el balón traspasa *"completamente una línea de banda o de meta, ya sea por tierra o por aire..."*

- En muchos casos, los golpeos efectuados por los jugadores provocan situaciones en las que el balón, en su desplazamiento aéreo, realiza una trayectoria con "efecto", que ocasiona su salida momentánea de los límites del terreno, para volver a introducirse posteriormente.

Toda acción posterior al momento en que se produjo la salida momentánea del balón debe considerarse invalidada, ya que el balón dejó de estar en juego en ese instante.

Cuando el balón sale de los límites del terreno, dependiendo de la línea por la que lo hace, y del equipo que lo tocó por última vez, el juego será reanudado con un:

- Saque de banda
- Saque de esquina
- Saque de meta
- Saque de salida

"...b) Cuando el juego ha sido detenido por el árbitro"

- Se considera también que el balón está fuera del juego desde el momento que el árbitro detiene el encuentro para señalar:

  - Cualquier infracción producida en relación a las Reglas de juego.
  - El final de cada uno de los períodos del partido.
  - La suspensión temporal o definitiva del encuentro, cuando lo estime necesario por:
    - entrada de personas, animales u objetos al terreno de juego
    - causas climatológicas
    - rotura o desperfecto de cualquiera de los objetos o elementos previstos en la Regla I
    - enfrentamientos entre jugadores
    - lesión grave de un jugador
    - cambio de balón
    - lesión o enfermedad del propio árbitro o de los jueces de línea

- El balón seguirá fuera del juego hasta que el árbitro ordene la reanudación del partido.

2. BALÓN EN JUEGO

"El balón está en juego... incluso...

a) si vuelve al juego de rebote del larguero o de los postes de los marcos o de las banderolas de esquina..."

- Hemos visto en el apartado anterior que el balón está en juego siempre que no salga del terreno de juego. En este caso, tanto la banderola de esquina como los largueros y los postes evitan que el balón salga. Dado que son elementos propios del juego, éste debe continuar.

"El balón está en juego... incluso...

b) si vuelve al juego después de haber tocado al árbitro o a un juez de línea situado en el interior del campo..."

- El jugador 1 intenta pasar a su compañero 3, pero el defensa 2 desvía el balón, rebotando en el juez de línea antes de que traspase completamente la línea de banda. El balón vuelve hacia el campo, continuándose la jugada en beneficio del jugador 3.

Gráfico 1: SANCIONES CUANDO EL BALÓN ESTÁ FUERA DEL JUEGO

- El balón se halla fuera del juego, ya que ha salido por la línea de banda y aún no se ha realizado el saque correspondiente. En ese momento, el defensor, dentro de su área de penalti agrede a un delantero.
  El árbitro, al percatarse del hecho, no permite la realización del saque de banda y expulsa al agresor (sanción disciplinaria), pero no señalará el penalti (sanción técnica), puesto que el balón no se hallaba en juego.
  El juego se reanudará con la ejecución del saque de banda previsto anteriormente.

Gráfico 2: REBOTE DEL BALÓN EN LOS POSTES

- Balón que tras superar al portero en su estirada rebota en un poste, desplazándose a continuación sobre la línea de meta para, tras rebotar en el segundo poste, acabar entrando a gol rematado por el delantero.

– En el primer rebote en el poste, el balón continúa
  en juego.
– En el desplazamiento sobre la línea de meta,
  continúa en juego, ya que no llega a
  sobrepasarla.
– En el segundo rebote en el otro poste, continúa
  igualmente en juego ya que se dirige hacia el
  interior del campo.

Por lo tanto, se dará validez al gol obtenido por el
delantero.

COMENTARIOS SOBRE LA APLICACIÓN DE LA REGLA Y LAS POSIBILIDADES DE JUEGO QUE OFRECE

• En ocasiones, el jugador se anticipa a la propia
  decisión del árbitro, y se inhibe del juego (tanto en
  defensa como en ataque), llegando incluso a
  cometer alguna infracción (como coger el balón
  con las manos). Si el árbitro no comparte el
  "criterio anticipado" del jugador (ley de la
  ventaja, incorrecta apreciación, etc.), sancionará
  la infracción cometida por aquél.
  Exponemos dos ejemplos.

a) Posible situación fuera de juego

- En un contraataque el jugador -1- lanza un balón en profundidad a su compañero -3-, que se encuentra en línea con el defensa -a-. Al girarse este último y ver al atacante -3- por delante suyo, cree que éste está en posición de fuera de juego. En lugar de continuar la jugada se limita a levantar el brazo reclamando dicha situación.

b) Posible infracción

- El defensor -1- juega el balón a su compañero -2-. El atacante -a- realiza un tackle, derribando a -2- a la vez que contacta con el balón.
- El jugador -2-, al caer, sujeta el balón con las manos creyendo que ha sido objeto de una clara falta.
- En el caso de que el árbitro entienda como legal la acción del atacante -a-, dando continuidad a la jugada, sancionará las manos de -2- con penalti.
- En ambos casos, la anticipación de los jugadores a la posible decisión del árbitro ha provocado situaciones de clara desventaja y peligro para los intereses de su equipo.

Por lo tanto, en ningún caso el jugador debe modificar su ritmo de juego ni su concentración en relación a la jugada hasta después de oír claramente el silbato del árbitro.

Tanto marcado

TEXTO OFICIAL DE LA REGLA

Salvo las excepciones previstas en estas Reglas, se ganará un tanto cuando el balón haya traspasado totalmente la línea de meta entre los postes y por debajo del larguero sin que haya sido llevado, lanzado o intencionadamente golpeado con la mano o el brazo por cualquier jugador del equipo atacante, excepto en el caso de que lo haga el guardameta que se halle en su propia área penal.

El equipo que haya marcado el mayor número de tantos ganará el partido. Si no se hubiese marcado ningún tanto o si ambos equipos han logrado igual números de ellos, el partido se considerará empatado.

DECISIONES DEL INTERNATIONAL BOARD

1. La Regla X define el único medio por el cual puede ser ganado o empatado un partido. En ningún caso pueden ser autorizadas variaciones sobre esta Regla.

2. Un tanto no puede en ningún caso ser concedido cuando el balón fue detenido por un cuerpo extraño antes de pasar la línea de meta. Si el hecho se produce en el curso de una fase ordinaria del juego distinta al momento de ejecutar un tiro penal, el partido debe ser interrumpido y reanudado por el árbitro por medio de un balón a tierra y en el lugar donde el balón estableció contacto con el cuerpo extraño, a menos que se hubiera encontrado en el área de meta en ese momento, en cuyo caso deberá ser botado en la parte de la línea del área de meta paralela a la línea de meta, en el lugar más cercano a donde se encontraba el balón cuando se detuvo el encuentro.

3. Si en el momento en que el balón va a entrar en la meta, un espectador entra en el terreno antes que el balón pase enteramente la línea de meta e intenta impedir el gol, si el balón penetra en la meta, el árbitro deberá acordar el gol, a menos que el espectador haya tocado el balón o haya intervenido en el juego. En este caso, el árbitro interrumpirá el juego y lo reemprenderá por balón a tierra en el lugar donde tuvo lugar el contacto o la intervención, a menos que se hubiera encontrado en el área de meta en ese momento, en cuyo caso deberá ser botado en la parte de la línea del área de meta paralela a la línea de meta, en el lugar más cercano a donde se encontraba el balón cuando se detuvo el encuentro.

INSTRUCCIONES ADICIONALES DE LA REGLA DE JUEGO

20. Celebración del gol

Después de que un gol ha sido marcado, está permitido que el autor del tanto comparta su alegría con sus compañeros de equipo. Sin embargo, el árbitro no deberá permitir que los jugadores permanezcan demasiado tiempo en la mitad del terreno adversario. Tampoco permitirá que los jugadores se precipiten hacia las vallas publicitarias o de espectadores. En estos dos últimos casos, amonestará al jugador infractor por conducta incorrecta.

OBJETIVO Y CONSIDERACIONES DE LA REGLA

El fútbol es un deporte colectivo en que se enfrentan dos equipos, que realizan todas sus acciones con el propósito de marcar más goles que el contrario.

Por lo tanto, conseguir el gol es el único objetivo válido, que determina planteamientos tácticos, acciones de estrategia, capacidades físicas, etc.

De esta forma, en un partido, aun desarrollando un alto nivel de juego y por atractivo que resulte, si al final no se logra el gol, y por extensión la victoria, no se alcanza el objetivo básico de este deporte.

En el transcurso del tiempo, y condicionados por las exigencias y presiones que rodean a los responsables de los equipos, se ha ido modificando este espíritu básico, hasta el extremo de plantear los encuentros con el objetivo de no encajar goles. En esta situación se pretende lograr la victoria siendo el equipo que encaja menos goles, lo que en el peor de los casos permite obtener un empate.

Estos planteamientos han comportado el desarrollo de las capacidades defensivas, de tal modo que han existido equipos que con ello, incluso, han llegado a liderar el Campeonato de Liga.

El fútbol tiene su esencia en el gol, tal como nos dice el reglamento:

"El equipo que haya marcado el mayor número de tantos ganará el partido".

Por lo tanto, cualquier planteamiento para obtener la victoria debería basarse en la obtención del mayor número de goles posible, limitando el aspecto defensivo a las acciones necesarias para recuperar el balón y de esta forma poder volver a intentar lograr un gol.

La Regla X nos concreta la forma en que se obtiene un gol, cuando un partido es ganado, empatado o perdido, y las circunstancias que pueden invalidar el tanto marcado.

Hasta la fecha, la mayoría de los Campeonatos de Liga de las distintas Asociaciones Nacionales otorgaban dos puntos al equipo vencedor, uno para cada equipo en el caso de empate y cero al perdedor.

Con el objetivo de potenciar una mayor disposición ofensiva de los equipos la FIFA decidió otorgar, en el Campeonato del Mundo USA'94, 3 puntos al equipo vencedor.

Con esta modificación el empate pierde su valor en relación a la clasificación, dejando de ser, en la mayoría de los casos, un posible objetivo por parte de un equipo antes del encuentro.

Esta modificación es aplicable a partir del 1 de julio de 1995 en los distintos Campeonatos Nacionales de Liga.

1. OBTENCIÓN DEL GOL

"... se ganará un tanto cuando el balón haya traspasado totalmente la línea de meta entre los postes y por debajo del larguero..."

- La referencia para determinar la validez del tanto nos la da el reglamento en la línea de meta. Por esta razón, la línea de meta debe tener el mismo ancho que los postes y el larguero.
- La necesidad de que el balón traspase totalmente la línea de meta para conseguir el gol, se fundamenta en que

"Las líneas pertenecen a las áreas que delimiten. Como consecuencia... las líneas... de meta forman parte del terreno de juego". (Decisiones del International Board Regla IX).

Por esta razón, mientras el balón esté sobre la línea de meta, bien sea por tierra o por aire, está en juego, lo que imposibilita que se pueda conceder el tanto.

2. GOL NO VÁLIDO

- Se otorgará un tanto logrado "Salvo las excepciones previstas en estas Reglas..."
  - Que él árbitro haya pitado y, por lo tanto, detenido el juego con anterioridad.
  - Que el balón *"... haya sido llevado, lanzado o intencionadamente golpeado con la mano o el brazo por cualquier jugador del equipo atacante, excepto en el caso de que lo haga el guardameta que se halle en su propia área de penal."*
  - *"... cuando el balón fue detenido por un cuerpo extraño antes de pasar la línea de meta."*
  - Cuando el balón proceda directamente de un:
    - Saque de salida.
    - Saque de banda.
    - Saque de meta.
    - Balón a tierra.
    - Tiro Libre Indirecto.
    - Tiro Libre Directo realizado por un jugador del equipo que sufrió la falta, introduciendo el balón directamente en su portería.
    - Cuando se comete, anteriormente a que el balón se introduzca en la portería, cualquier

REGLA X: TANTO MARCADO **177**

infracción tipificada en el reglamento aunque sea señalada con posterioridad por el árbitro.
– Cuando el balón, antes de entrar totalmente en la portería, estalla o se deshincha.
– Cuando existe deformación o rotura de la portería, antes de que se logre el gol.

3. PARTIDO GANADO

• A diferencia de otros deportes en los que el resultado de un encuentro puede determinarse teniendo en cuenta diversos aspectos, el International Board define taxativamente:

"... La Regla X define el único medio por el cual puede ser ganado o empatado un partido".

Con los medios actuales se puede disponer de datos con los que, por ejemplo, en un partido que finalizara en empate, se podría determinar un vencedor, siguiendo distintos posibles criterios:

– Tanto por ciento más elevado de tiempo de posesión del balón.
– Número de ocasiones de gol.
– Número de tiros a puerta.
– etc.

Sin embargo, la reglamentación mantiene de forma explícita que "En ningún caso pueden ser autorizadas variaciones sobre esta Regla".

EJEMPLOS GRÁFICOS COMENTADOS

Gráfico 1:
TANTO MARCADO

"... se ganará un tanto cuando el balón haya traspasado totalmente la línea de meta...".

- La posición del balón (dentro o fuera de la portería) es el único criterio que determina la consecución del gol, independientemente de dónde se encuentre el guardameta (en este caso) o el jugador.

Gráfico 2: LANZAMIENTO DIRECTO EN TIRO LIBRE INDIRECTO

- En el lanzamiento de un tiro libre indirecto, el jugador que lo realiza, al no estar atento a la señalización del árbitro y con el afán de sorprender al portero, lanza de forma rápida a portería, entrando el balón directamente a gol sin que otro jugador lo haya tocado previamente. El árbitro no concederá el gol, reanudándose el juego mediante un saque de meta.
  - Pudiera ocurrir que el portero, al ver llegar el balón por sorpresa, intentara despejarlo, logrando tan sólo desviarlo ligeramente sin impedir su entrada en el marco. En este caso, se concederá el tanto como válido.

**Gráfico 3:
GOL DESDE
"SAQUE DE
PORTERO"**

• Nos dice el reglamento que de un saque de meta no se puede lograr gol de forma directa. Sin embargo, no se debe confundir este saque con el "saque de portero", ya que éste se realiza con el balón en juego, lo que permite al portero, como a cualquier otro jugador, marcar un gol. Por contra, en el saque de meta, el reglamento prohíbe explícitamente la consecución de un gol de forma directa.

**Saque de portero
*Gol válido***

**Saque de portería
*Gol no válido***

El árbitro, en ningún caso, debe conceder gol si no ha visto claramente cómo ha entrado el balón en la portería. Sin embargo, para tomar esta determinación puede tener en cuenta las apreciaciones de los jueces de línea que tienen una perspectiva de la jugada más adecuada en relación a la introducción total del balón.

Pudiera ser que, anteriormente al gol concedido, se hubiera producido alguna de las situaciones comentadas previamente, que invalidan un tanto, y que el árbitro no la hubiera observado. En este caso, el árbitro, a instancias de su juez de línea, puede anular el gol concedido, siempre y cuando el juego no se haya reanudado.

Fuera de juego

1. Un jugador está en posición de fuera de juego si se encuentra más cerca de la línea de meta contraria que el balón, salvo:

a) que se encuentre en su propia mitad del terreno; o
b) que no esté más cerca de la línea de meta contraria que dos de sus adversarios, por lo menos.

2. No es una infracción en sí estar en una posición de fuera de juego. Un jugador deberá ser sancionado por estar en una posición de fuera de juego solamente si en el momento en que el balón toca, o es jugado por uno de sus compañeros se encuentra, a juicio del árbitro, involucrado en el juego activo:

a) interviniendo en el juego; o
b) interviniendo contra un oponente; o
c) tratando de sacar ventaja al estar en esa posición.

3. Un jugador no será declarado fuera de juego por el árbitro:

a) simplemente por encontrarse en una posición fuera de juego; o
b) si recibe la pelota directamente de un saque de meta, saque de esquina o un saque de banda.

4. Si un jugador es declarado fuera de juego, el árbitro deberá otorgar un tiro libre indirecto que será lanzado por un jugador del equipo contrario desde el lugar donde se cometió la falta, a menos que la infracción sea cometida por un jugador en el área de meta contraria. En este caso, el tiro libre podrá ser lanzado desde cualquier lugar dentro del área de meta.

1. El fuera de juego no debe ser juzgado en el momento que el jugador recibe el balón, pero sí, cuando éste le fue enviado por un compañero. Un jugador que no se encuentra en posición fuera de juego cuando su compañero le hace el pase o lanza un tiro libre, si se adelanta durante la trayectoria del balón, no comete infracción por fuera de juego.

2. Un jugador que está al mismo nivel que el penúltimo contrario o que los dos últimos contrarios, no está en posición fuera de juego.

INSTRUCCIONES ADICIONALES DE LA REGLA DE JUEGO

11. Jugador en posición de fuera de juego

a) No constituye en sí una falta estar en posición fuera de juego.

b) Un jugador deberá ser sancionado por estar en posición de fuera de juego si en el momento en el que toca el balón o lo recibe de un compañero se encuentra, en opinión del árbitro, involucrado en el juego activo al:

1. interferir el juego de un contrario o al

2. tratar de sacar ventaja de esa posición.

c) Un jugador no será declarado fuera de juego por el árbitro:

1. simplemente por encontrarse en una posición de fuera de juego o

2. si recibe la pelota directamente de un saque de meta, saque de esquina o de un saque de banda.

Un juez de línea *no deberá* señalar únicamente que un jugador está en posición fuera de juego.

COMITÉ TÉCNICO DE ÁRBITROS

Ante la duda en la señalización de un fuera de juego nunca se señalará éste.[25]

---

[25] *Op. cit.* en (10) pág −61−.

La existencia de esta regla condiciona el desarrollo del juego de fútbol tal como lo conocemos hoy en día. El hecho de no existir, o de que cambiara sustancialmente sus fundamentos, modificaría la estructura actual de este deporte ya que las tácticas, estrategias, acciones técnicas más utilizadas e incluso los planteamientos y los sistemas de juego serían inmediatamente variados por técnicos y jugadores.

Al jugarse el balón con los pies, la potencia de golpeo permite desplazarlo de un área a otra sin excesiva dificultad. En el caso de no existir el fuera de juego, un equipo estaría dividido en atacantes y defensas, manifestándose aglomeraciones de jugadores (defensores y atacantes) en las dos áreas de penalti.

El juego en el centro del campo desaparecería ya que la tremenda dificultad que implica transportar el balón desde la defensa a la zona de remate sería absolutamente inútil (ya que podríamos recurrir a la simplicidad de los golpeos de área a área que nos ofrecerían una rápida oportunidad de gol).

Una de las probables consecuencias sería que el juego se tornara excesivamente embarullado, sucio y con constantes interrupciones.

Por lo tanto, el fuera de juego es una regla que provoca una mayor vistosidad y precisión en el juego, ya que implica la necesidad de mantener la posesión del balón por parte de un equipo, así como de realizar toda una serie de acciones técnicas y tácticas precisas (pases, controles, apoyos, desmarques, etc.) para poder llevar el balón a zona de remate.

Por otro lado, potencia la realización de un juego "inteligente". En defensa, un equipo puede utilizar esta regla para reducir el espacio de juego que tiene el equipo atacante, mientras que éste dispone de grandes espacios a aprovechar por detrás de la defensa.

"En 1863, cualquier jugador que se encontrase más adelantado que el balón jugado por un compañero suyo estaba automáticamente en fuera de juego y no podía ni intentar tocar el balón ni molestar a un jugador contrario.

En 1866 se instituyó la primera regla del fuera de juego: *un jugador lo está si, en el momento en que recibe el balón o éste llega a su altura, entre él y la portería contraria hay menos de tres jugadores del otro equipo.*

En 1907 se decidió que un jugador no incurriría en fuera de juego en la mitad del campo correspondiente a su equipo. En 1924 se decidió no penalizar al jugador que, aun hallándose en posición de fuera de juego, no interviniese en la jugada.

En 1925 se modificó la regla del fuera de juego hacia su formulación actual."[26]

ANÁLISIS COMENTADO DE LOS ASPECTOS RELEVANTES DE LA REGLA Y SUS CONSECUENCIAS PRÁCTICAS

1. POSICIÓN DE FUERA DE JUEGO

[26] Op. cit. en (2) pág –19–.

"... un jugador está en posición de fuera de juego si se encuentra más cerca de la línea de meta contraria que el balón, salvo:

a) que se encuentre en su propia mitad del terreno o
b) que no esté más cerca de la línea de meta contraria que dos de sus adversarios, por lo menos..."

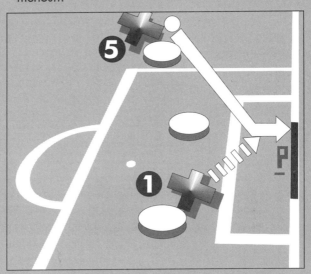

El jugador 1 está en posición de fuera de juego.

- Esta posición se debe a que en el momento en que el balón es pasado por su compañero 5, 1 está "*... más cerca de la línea de meta contraria que el balón, no "... se encuentra en su mitad del terreno"* y no hay dos contrarios que estén *"... más cerca de la línea de meta..."* que él (tan sólo el portero).

- Por lo tanto, los elementos que definen una posición de fuera de juego por parte de un jugador, en el momento en que un compañero toca o juega el balón, son:
  Estar situado
  – Entre el balón y la portería contraria.
  – En la mitad del campo contrario.
  – De forma que entre el jugador y la línea de meta contraria no existan, al menos, dos de sus adversarios.

2. ¿EN QUÉ MOMENTO SE INCURRE EN FUERA DE JUEGO

"Un jugador deberá ser sancionado por estar en una posición de fuera de juego solamente si en el momento en que el balón toca, o es jugado por uno de sus compañeros..."

- En este momento, la posición de 1 no debe sancionarse como fuera de juego, ya que mientras el poseedor del balón 5 (que lo está conduciendo) no lo pase o golpee fuera de su control no existe posibilidad de fuera de juego.
De esta forma, observamos que cualquiera que sea la posición de un atacante nunca puede ser considerada como fuera de juego si el balón está todavía en posesión de un compañero.

3. EN LA PROPIA MITAD DEL CAMPO NO EXISTE FUERA DE JUEGO

"Un jugador está en posición de fuera de juego si se encuentra más cerca de la línea de meta contraria que el balón, salvo:

a) que se encuentre en su propia mitad del terreno o..."

• Los jugadores 2 y 3 no están en fuera de juego porque se hallan situados dentro de su propia mitad del terreno.

4. PRESENCIA DE AL MENOS 2 CONTRARIOS MÁS CERCANOS A LA LÍNEA DE META

"Un jugador está en posición de fuera de juego si se encuentra más cerca de la línea de meta contraria que el balón, salvo: (...)

b) *que no esté más cerca de la línea de meta contraria que dos de sus adversarios, por lo menos..."*

- El jugador 1 no se halla en fuera de juego
  - A pesar de estar por delante del balón y hallarse en la mitad de terreno del equipo contrario, *tiene más cerca de la línea de meta a dos de sus contrarios,* lo que anula su posible situación ilegal.

- El jugador 1 se halla en fuera de juego
  - En esta situación, además de estar por delante del balón y hallarse en la mitad del terreno del equipo contrario, *no tiene más cerca de la línea de meta a dos de sus contrarios,* lo que convierte su situación en ilegal.

"... Decisiones del International Board"

"Un jugador que está al mismo nivel que el penúltimo contrario o que los dos últimos contrarios, no está en posición de fuera de juego"

- El jugador 1 no está fuera de juego.
  - Si bien en este caso 1 no respeta el hecho de que al menos dos de sus contrarios estén más cerca que él de la línea de meta contraria, la decisión del International Board de considerar válido estar situado *"...al mismo nivel que el penúltimo contrario o que los dos últimos contrarios..."*, convierte su posición en legal.

5. POSICIÓN DE FUERA DE JUEGO SEGÚN LA SITUACIÓN DEL JUGADOR RESPECTO AL BALÓN

"Un jugador está en posición de fuera de juego si se encuentra más cerca de la línea de meta contraria que el balón..."

- El jugador 1 no se halla en fuera de juego, ya que a pesar de que está en campo contrario y no tiene al menos 2 contrarios entre él y la línea de meta contraria, al no estar *"... más cerca de la línea de meta contraria que el balón..."* en el momento del pase, no existe posibilidad de fuera de juego.

6. FUERA DE JUEGO POSICIONAL O PASIVO

"Un jugador deberá ser sancionado por estar en una posición de fuera de juego solamente si en el momento en que el balón toca, o es jugado por uno de sus compañeros se encuentra, a juicio del árbitro, involucrado en el juego activo:

a) *interviniendo en el juego o*
b) *interviniento contra un oponente o*
c) *tratando de sacar ventaja al estar en esa posición.*

3. *Un jugador no será declarado fuera de juego por el árbitro:*
a) ...simplemente por encontrarse en una posición de fuera de juego..."

- El jugador 1 no debe ser sancionado por fuera de juego.

– A pesar de que se halla en una evidente situación de fuera de juego en el momento que 5 efectúa el pase, 1 manifiesta una clara intención de no intervenir en el juego, contra un adversario, ni de tratar de sacar ventaja al estar en esta posición (ya que corre en dirección a su campo).

• El jugador 1 debe ver sancionada su posición de fuera de juego posicional.
    – Tras el tiro de su compañero 5, y a pesar de que 1 intenta no sacar ventaja de su posición de

fuera de juego interviene *"...contra un oponente..."* ya que el portero ve disminuida la visión de la jugada y el balón.

• El jugador 1 debe ver sancionada su posición de fuera de juego posicional.

– Tras el pase a su compañero 5, y a pesar de que 1 no interviene contra un oponente, este jugador está *"... tratando de sacar ventaja al estar en esa posición"*.

– En el fuera de juego posicional, muchas veces se esgrime el argumento de que los jugadores que están en dicha situación no intervienen directamente en la jugada. Sin embargo, no se trata únicamente de enjuiciar su participación de forma directa, sino que la simple influencia en el desarrollo de la jugada es suficiente para sancionar su posición como fuera de juego.

7. POSICIÓN DE FUERA DE JUEGO A PARTIR DE UN SAQUE

"Un jugador no será declarado fuera de juego por el árbitro: (...)

b) *si recibe el balón directamente de un saque de meta, de un saque de esquina o un saque de banda..."*

- El jugador 1 no está en fuera de juego.
  - A pesar de que 1 está situado por delante del balón, en campo contrario, y que se halla más próximo a la línea de meta contraria que al menos dos de sus adversarios, no se halla en fuera de juego, ya que *recibe el balón directamente de un saque de banda.*

- El jugador 1 no está en fuera de juego.
  - Tampoco en este caso se halla en fuera de juego, ya que *recibe el balón directamente de un saque de esquina.*

- El jugador 1 no está en fuera de juego.
  - Al recibir *el balón directamente de un saque de meta* no existe la posibilidad de incurrir en fuera de juego.

- El jugador 1 está en fuera de juego.
  - El reglamento especifica que para no existir fuera de juego en cualquiera de los saques, el jugador debe recibir "... *el balón directamente de un saque de meta, saque de esquina o un saque de banda*".
  - En este caso, si bien la jugada parte de un saque de meta, el jugador 1 no recibe el balón de forma *directa,* por lo que al no poderse aplicar esta excepción, su posición resulta ilegal.

- El jugador 1 se halla en fuera de juego.
  - El reglamento especifica que no existirá fuera de juego por parte del jugador que "... *recibe el balón directamente de un saque de meta, de un saque de esquina o un saque de banda...*"
    - Sin embargo, en esta jugada, en la que el portero tiene el balón en su poder y efectúa un golpeo hacia 1, no se trata de un saque de

meta, sino de la misma circunstancia en que si la
acción la realizara un jugador de campo.
– Como en este caso se cumplen de forma
  simultánea los 3 elementos que definen una
  situación de fuera de juego, la posición de 1
  resulta ilegal.

**8. EL FUERA DE
JUEGO CUANDO EL
BALÓN NO
PROCEDE DE UN
COMPAÑERO**

Balón procedente de un adversario

"Un jugador solamente será declarado fuera de juego y sancionado por estar en posición de fuera de juego si, en el momento en que el balón toca, o es jugado por uno de sus compañeros..."

- El jugador 1 no está en fuera de juego.
  - El reglamento especifica claramente que el momento en el que se debe juzgar una posible situación de fuera de juego es cuando *el balón toca o es un jugado por uno de sus compañeros.*
  - Dado que en este caso el balón es tocado por un adversaio, no puede existir el fuera de juego.

- El jugador 1 ¿está en fuera de juego?
  - En este caso es fundamental la interpretación que realice el árbitro antes que el balón sea tocado por el defensor.
* Si considera que 1, previamente al contacto del defensor con el balón, está:

"...a) interviniendo en el juego o
b) intervimiento contra un oponente o
c) tratando de sacar ventaja al estar en esa posición..."

Sancionará la posición de fuera de juego, por lo que cualquier acción posterior (toque de balón por parte del defensor) no puede comportar ninguna rectificación.

• Observamos que la normativa otorga al árbitro la prerrogativa de determinar si las diferentes circunstancias expuestas anteriormente deben comportar la sanción de una situación de fuera de juego. Sin embargo, ello no comporta ningún tipo de "subjetividad", ya que el Reglamento define en su totalidad los casos que se deben sancionar y los que no.

EJEMPLOS GRÁFICOS COMENTADOS

Además de los casos que se han expuesto anteriormente siguiendo el texto de la Regla, existen situaciones concretas que son claras sólo a partir de la interpretación de la misma.

Gráfico 1:
BALÓN
RECHAZADO
POR EL PORTERO

• Si el balón entra a gol directamente en el disparo de 5, el gol será válido si el árbitro considera que 1 no interviene en la jugada (condiciona los movimientos del portero), o no trata de sacar ventaja de su posición.

Si no interviene ni trata de sacar ventaja de su posición, y el balón es rechazado por el portero, es considerado como balón jugado por un contrario, por lo que no existe posibilidad de fuera de juego.

En caso contrario, se sancionará el fuera de juego.

Gráfico 2: BALÓN QUE REBOTA EN LOS POSTES

- Después de que 5 tire a portería el balón, golpea en un poste, aprovechando 1 el rebote para marcar gol.

  1 está en fuera de juego.

  La situación es ilegal, ya que el contacto del balón en un poste no es considerado como jugar el balón. De esta forma, el último jugador que toca el balón antes que 1 es su compañero 5, momento en el que aquél se encuentra por delante del balón y no tiene dos contrarios que estén más cerca que él, de la línea de meta contraria.

  Cualquier contacto del balón en los postes de la portería nunca será considerado como nueva jugada.

**Gráfico 3:
JUGADOR QUE
REALIZA UN
AUTOPASE**

- 5 realiza un autopase para superar a su contrario.
  – En este caso, el gol será válido, no sancionándose el fuera de juego de 1 si el árbitro considera que no interviene en la jugada, o no trata de sacar ventaja de su posición.
- 1 no está en fuera de juego.
  – Mientras 5 realiza un autopase (en beneficio propio, sin contar con la participación de 1), éste ni interviene en el juego ni intenta sacar ventaja de su posición.

**Gráfico 4:
JUGADOR QUE
RECIBE EL BALÓN
EN SU CAMPO,
VINIENDO DE UNA
POSICIÓN DE
FUERA DE JUEGO**

- 1 está en fuera de juego.
  – En este caso encontramos que 1, partiendo de una situación de fuera de juego en el momento en que 5 toca el balón, retrocede a su campo para hacerse con el mismo.
  La interpretación del reglamento es clarísima, ya que 1, aprovechando su situación, trata de sacar ventaja, de forma que su equipo continúe con la posesión del balón.

**Gráfico 5:
DEFENSOR QUE
SALE DEL CAMPO
PARA DEJAR EN
FUERA DE JUEGO
A UN ATACANTE**

- El atacante 1 no está en fuera de juego.
  - El hecho de salir del terreno de juego con el
    único propósito de dejar en posición de fuera de
    juego a un contrario se considera conducta
    incorrecta, por lo que, además de no conseguir
    su objetivo, puede comportar amonestación.

**Gráfico 6:
ATACANTE
QUE SALE
DEL TERRENO
DE JUEGO PARA
NO INCURRIR
EN POSICIÓN
DE FUERA
DE JUEGO**

- 1 no será sancionado por fuera de juego.
  - El hecho de retirarse del campo voluntariamente no hace otra cosa que manifestar claramente su intención de no intervenir en el juego ni de sacar ventaja de su posición. Ello implica la decisión de dejar continuar el juego sin sancionar a 1.

**Gráfico 7:
ATACANTE QUE,
TRAS SALIR DEL
TERRENO DE
JUEGO PARA NO
INCURRIR EN
POSICIÓN DE
FUERA DE JUEGO,
ENTRA DE NUEVO
EN JUEGO**

- El jugador 1 verá su posición sancionada como fuera de juego.
  - El hecho de entrar de nuevo en el terreno cuando el juego aún no se ha detenido implica una clara intención de sacar ventaja de su posición. Por lo tanto, se considera conducta incorrecta, debiéndose considerar en este caso como situación antirreglamentaria.

COMENTARIOS SOBRE LA APLICACIÓN DE LA REGLA Y LAS POSIBILIDADES DE JUEGO QUE OFRECE

A) APLICACIÓN DE LA REGLA

- A partir de la modificación realizada por el International Board por la que un atacante que esté al mismo nivel que al menos 2 adversarios no será considerado en fuera de juego, aumenta la dificultad en cuanto a la precisión y corrección de las decisiones que deben tomar el árbitro y los jueces de línea.
  - Ello es debido a la imposibilidad física de que los jueces puedan tener en el campo de visión, de forma simultánea, al atacante adelantado y al jugador que realiza el pase en la mayoría de los casos.

- El juez de línea debe observar el balón para determinar el momento exacto en que se produce el pase (ya que sólo en ese momento se puede producir el fuera de juego).
  - Durante ese período de tiempo en que fija su atención en el pasador, 1 y su defensor están continuamente fintando, marcando y desplazándose.
  - Estos movimientos pueden convertir una situación legal en ilegal y viceversa incluso en décimas de segundo.

- Cuando 5 golpea el balón, el delantero puede avanzar su posición. Inmediatamente, el juez de línea centra su atención en la línea defensiva, momento en el cual ve al atacante más adelantado que el penúltimo defensor, sancionando un fuera de juego inexistente.
  - La extrema dificultad que implica esta situación para los árbitros y jueces de línea la observamos cuando incluso en las repeticiones filmadas de la jugada hay que repetirla a una velocidad muy lenta para determinar la existencia o no del fuera de juego.

– Si además tenemos en cuenta que tanto atacantes como defensas, e incluso el propio juez de línea, se hallan en movimiento, la dificultad que entraña tomar una decisión correcta en tan breve espacio de tiempo es absolutamente desproporcionada.

B) CONSIDERACIONES PARA EL APROVECHAMIENTO DE LAS POSIBILIDADES QUE OFRECE EL FUERA DE JUEGO

En defensa

• Normalmente se utiliza el fuera de juego desde el punto de vista defensivo para reducir los espacios de los atacantes. De esta forma, jugar el balón resulta mucho más difícil, aumentándose la posibilidad de su pérdida.

– Esta situación se provoca adelantando la línea defensiva, colocando a sus hombres paralelamente a la línea de meta, desplazándose éstos hacia adelante, superando la posición de los atacantes a los que tienen que marcar.

– A la vez, los mediocampistas y delanteros del equipo defensor presionan al poseedor del balón, de modo que al realizar el pase lo haga de forma imprecisa.

– El portero también interviene adelantando su posición para anticiparse a los posibles balones largos que los atacantes envíen a las "espaldas" de sus defensas. (El portero en este caso juega como si se tratara del defensa libre.)

- Otra posibilidad por parte de la línea defensiva es que mantenga una posición adelantada pero estática; los defensas deberán entonces posicionarse "en diagonal" uno respecto del otro, ya que de esta forma un compañero podrá rectificar su posición y alcanzar al contrario que ha salido en posición correcta.

En ataque
- El equipo atacante que tenga que superar un juego defensivo de este tipo deberá adiestrar a sus delanteros para que salgan al mismo nivel que los defensas.
  – *Si los defensas provocan el fuera de juego "saliendo" hacia adelante,* los delanteros deberán replegarse inmediatamente con ellos. En este caso, el balón debe ser jugado hacia un hombre libre para que lo pase por encima de la línea defensiva contraria en diagonal. De esta forma, se elimina la opción de que el portero se

haga con el balón, dando entrada a nuestros
compañeros de medio campo que no se
encuentran en posición antirreglamentaria.
– Cuando se haya efectuado el pase, los
delanteros rectificarán su carrera para apoyar la
jugada de ataque.

- *Si los defensas provocan el fuera de juego manteniendo una posición adelantada pero estática,* los delanteros deberán ser los jugadores más rápidos del equipo.
  - En este caso, es muy importante que los delanteros se encuentren claramente más alejados de la línea de meta contraria que sus marcadores (medio metro de ventaja); de esta forma evitaremos el error del juez de línea a la hora de enjuiciar la legalidad o ilegalidad de su posición.
  - Este hecho no implica una gran desventaja respecto a su marcador, ya que éste se encontrará de espaldas y deberá girar antes de poder iniciar la carrera de persecución sobre el delantero.

- 5 será visto por el juez de línea "al mismo nivel" que los defensas (por tanto situación legal).
  - Es absolutamente fundamental que los delanteros no inicien la carrera hasta que no se produzca el golpeo sobre el balón.

REGLA XII

Faltas e incorrecciones

Un jugador que cometa una de las seis faltas siguientes de una manera que el árbitro considere imprudente, peligrosa o con el uso de una fuerza desproporcionada:

a) dar o intentar dar una patada a un adversario; o
b) poner una zancadilla a un adversario; o
c) saltar sobre un adversario; o
d) cargar contra un adversario; o
e) golpear o intentar golpear a un adversario; o
f) empujar a un adversario;
g) al poner una zancadilla a un adversario tocar al adversario antes de tocar el balón; o
h) – sujetar a un adversario; o
     – escupir a un adversario; o
i) tocar el balón con las manos deliberadamente, es decir, golpear o empujar el balón con su mano o brazo (esto no se aplica al guardameta dentro de su propia área penal);

será castigado con un **tiro libre directo** que será ejecutado por el equipo adversario en el sitio donde la falta fue cometida, a menos que la falta haya sido cometida por un jugador en el área de meta contraria, en cuyo caso el tiro libre podrá ejecutarse en cualquier lugar del área de meta.

Si un jugador del equipo defensor comete una de las diez faltas mencionadas dentro del área penal, será castigado con **un penal**.

Un penal podrá ser concedido, cualquiera que sea la posición del balón en el momento de cometerse la falta, si ésta se comete dentro del área penal y siempre que el balón esté en juego.

Un jugador que cometa una de las cinco faltas siguientes:

1. Jugar de una forma que el árbitro estime peligrosa, por ejemplo, intentar dar una patada al balón mientras lo tiene el portero.

2. Cargar lealmente, es decir, con el hombro, cuando el balón no está a distancia de juego de los jugadores involucrados y éstos no intentan definitivamente intervenir en el juego.

3. Sin jugar el balón, obstaculizar el avance de un adversario, es decir, correr entre el adversario y el balón o interponerse de manera que constituya un obstáculo para el adversario.

4. Cargar contra el portero, salvo que éste:
a) se halle en posesión de la pelota,
b) obstruya a un adversario,
c) esté fuera del área de meta.

5. Siendo guardameta y dentro de su área penal:
a) desde el momento en que controla el balón con sus manos, dar más de cuatro pasos en cualquier dirección reteniéndolo, botándolo en el suelo o lanzándolo al aire y volviendo a atraparlo sin ponerlo en juego, o

b) después de haber puesto el balón en juego antes, durante o después de los cuatro pasos, volver a tocarlo con las manos antes de que un jugador del equipo contrario lo toque o lo juegue dentro o fuera del área penal o un jugador de su equipo lo toque o juegue fuera del área penal, sujeto a las condiciones predominantes de 5 (c), o

c) tocar el balón con las manos después de que un jugador de su equipo se lo ha cedido con el pie deliberadamente, o

d) utilizar una táctica que, en opinión del árbitro, sólo lleva a retardar el juego y, por lo tanto, hace perder tiempo, dando una desventaja desleal a su equipo será castigado con **un tiro libre indirecto**, concedido al equipo contrario en el lugar donde se cometió la falta, sujeto a las condiciones predominantes impuestas por la Regla XIII.

Un jugador será **amonestado y se le mostrará una tarjeta amarilla:**
j) si entra o vuelve a entrar en el terreno de juego para incorporarse o reincorporarse a su equipo después de que el juego comenzó, o si abandona el terreno de juego durante el partido (salvo en caso de lesión) sin permiso del árbitro. Si el árbitro detuviera el juego para efectuar la amonestación, lo reanudará por medio de **un tiro libre indirecto** lanzado por un jugador del equipo adversario desde el lugar donde se encontraba el balón cuando el juego fue detenido, sujeto a las condiciones predominantes impuestas por la Regla XIII.

k) si infringe con persistencia las Reglas de Juego;
l) si desaprueba con palabras o gestos cualquier decisión del árbitro;
m) si se muestra culpable de conducta incorrecta.

Por toda infracción a estas tres últimas disposiciones, el árbitro concederá un **tiro libre indirecto** a favor del equipo contrario, lanzado desde el lugar donde se cometió la falta y, salvo que se hubiese cometido una infracción más grave contra las Reglas de Juego, sujeto a las condiciones predominantes impuestas por la Regla XIII.

Un jugador será **expulsado del terreno de juego y se le mostrará la tarjeta roja,** si en opinión del árbitro:
n) es culpable de conducta violenta;
o) es culpable de juego brusco grave;
p) utiliza un lenguaje injurioso y grosero;
q) es culpable de una segunda falta que merece ser amonestada después de haber recibido una amonestación.

Si el juego fue parado a causa de la expulsión de un jugador culpable de una de estas faltas sin que ninguna otra infracción a las Reglas se haya producido, el juego se reanudará con **un tiro libre indirecto,** concedido al equipo contrario en el lugar donde se cometió la infracción sujeto a las condiciones predominantes impuestas por la Regla XIII.

DECISIONES DEL INTERNATIONAL BOARD

1. Si el guardameta golpea a un adversario lanzándole el balón o empujándolo con el balón mientras lo retiene en sus manos, el árbitro deberá conceder un tiro penal si la falta se produce dentro del área penal.
2. Si un jugador se apoya sobre los hombros de otro jugador de su mismo equipo con intención de cabecear el balón, el árbitro detendrá el juego, amonestará al jugador por conducta incorrecta y concederá un tiro libre indirecto a favor del equipo contrario.
3. Para un jugador que se incorpora o reincorpora a su equipo después de que haya comenzado el juego, la obligación de "presentarse al árbitro" debe ser interpretada de la misma manera que la obligación de "llamar la atención del árbitro desde la línea de banda". La señal de aquiescencia del árbitro debe ser dada por un gesto expresivo, que permita hacer comprender al jugador, que puede penetrar en el terreno. No es necesario que el árbitro espere una parada del juego (la presente cláusula no es válida para el caso de la Regla IV), pero depende exclusivamente de su criterio apreciar el momento en que debe hacer la señal de autorización.
4. Ni el espíritu ni la letra de la Regla XII obligan al árbitro a detener el juego para efectuar una amonestación. Puede, si así lo prefiere, aplicar la

ley de la ventaja. Si aplica la ventaja, amonestará al infractor cuando el juego sea detenido.

5. Cuando un jugador cubre el balón, sin tocarlo, con intención de evitar que pueda ser jugado por un adversario, hay obstrucción, pero no infracción a la Regla XII, párrafo 3, porque el jugador está ya en posesión del balón que cubre por razones tácticas y también porque la pelota queda a distancia de juego. En realidad, él juega efectivamente el balón y no comete ninguna falta; en este caso, el jugador puede ser cargado puesto que de hecho juega el balón.

6. Si un jugador pone sus brazos en posición para obstaculizar a un adversario y se mueve de un lado a otro agitando sus brazos hacia arriba y abajo para demorar el paso de su adversario, forzándole a cambiar su dirección, pero sin entrar en contacto con él, el árbitro deberá amonestar al jugador por conducta incorrecta y conceder un tiro libre indirecto.

7. Si un jugador obstaculiza el avance del guardameta adversario con el fin de evitar que éste ponga el balón en juego conforme a la Regla XII, 5 (a), el árbitro concederá un tiro libre indirecto.

8. Si cuando el árbitro ha concedido un tiro libre, un jugador protesta violentamente con lenguaje injurioso o contra la moral y es por ello expulsado del terreno, el tiro libre no podrá ser ejecutado hasta que el jugador infractor haya salido del terreno.

9. Todo jugador, dentro o fuera del terreno de juego, cuya conducta sea incorrecta o violenta y que se dirija, directa o indirectamente, a un contrario, a un compañero, al árbitro, a un juez de línea o a cualquier otra persona, cometiendo falta o usando un lenguaje incorrecto, será castigado por su acción de acuerdo con la naturaleza de la falta cometida.

10. Si, a juicio del árbitro, un guardameta se echa encima del balón más tiempo del necesario, se hace culpable de conducta incorrecta y por ello

a) se le amonestará y se concederá un tiro libre indirecto al equipo adversario;

b) se le expulsará en caso de reincidencia.

11. La falta consistente en escupir a los oficiales u otras personas o algún otro comportamiento inconveniente similar, se deberá considerar como conducta violenta en el sentido de la sección n) de la Regla XII.

12. Si, cuando un árbitro está por amonestar a un jugador, y antes de haberlo hecho, el jugador comete otra infracción que merece amonestación, el jugador deberá ser expulsado del terreno de juego.

13. Si, en opinión del árbitro, un jugador que se dirige hacia la portería contraria con la oportunidad manifiesta de marcar un gol, es impedido por un adversario con medios ilegales, es decir, una falta castigable con un tiro libre (o un tiro penal), impidiendo así al equipo del jugador atacante la oportunidad mencionada de marcar un gol, el jugador infractor deberá ser expulsado del campo de juego por juego brusco grave de acuerdo con la Regla XII (o).

14. Si, en opinión del árbitro, un jugador, que no sea el guardameta, impide –en su propia área penal– que un adversario marque un gol o una oportunidad manifiesta de marcar un gol mediante mano intencionada, el juego infractor deberá ser expulsado del campo de juego por juego brusco grave de acuerdo con la Regla XII (o).

15. El International F. A. Board opina que –en virtud de las circunstancias descritas en la Regla XII 5 (a)– se considerará que el guardameta controla el balón cuando lo toca con cualquier parte de sus manos o brazos. La posesión del balón incluirá asimismo la atajada intencional por el guardameta, sin implicar, sin embargo, el caso cuando –según el árbitro– el balón rebota accidentalmente del guardameta, por ejemplo, tras efectuar una salvada.

16. Sujeto a los términos de la Regla XII a un jugador le estará permitido pasar el balón a su guardameta utilizando su cabeza o el pecho o la rodilla, etc. No obstante, si, en opinión del árbitro, un jugador hace trampa deliberada con el fin de no atenerse al artículo 5 (c) de la Regla XII, será culpable de conducta incorrecta y será castigado en conformidad con lo estipulado en la Regla XII; es decir, se amonestará al jugador, se le mostrará la tarjeta amarilla y se otorgará un tiro libre indirecto al equipo contrario en el lugar donde el jugador cometió la falta.

En tales circunstancias, resulta irrelevante si posteriormente el guardameta toca, o no, el balón con las manos. La falta es cometida por el jugador que intenta burlar tanto la letra como el espíritu de la Regla XII.

INSTRUCCIONES ADICIONALES DE LA REGLA DE JUEGO

1. Juego brusco grave o conducta violenta

El fútbol es un juego combativo, en el que el balón deberá disputarse de forma leal y noble. Toda acción en la que se dispute el balón de esta manera, aunque en ocasiones se haga vigorosamente, debe ser permitida por el árbitro.

Sin embargo, el juego brusco grave y la conducta violenta son condenables y el árbitro deberá sancionarlos mediante la rigurosa aplicación de las Reglas de Juego.

Para precisar:

a) Existe *juego brusco grave* cuando un jugador comete una infracción contra las Reglas de Juego al adoptar voluntariamente un comportamiento brusco en el momento en que disputa el balón con un adversario.

b) Existe *conducta violenta* cuando un jugador agrede a un adversario sin que el balón esté en disputa directa entre los dos. El balón puede estar en juego o fuera de juego. Si está en juego, se sancionará con un tiro libre directo en favor del equipo del jugador agredido, que se lanzará en el lugar donde ocurrió la agresión, o con un penal si la conducta violenta ocurrió dentro del área penal. Si el balón está fuera de juego, el partido se reanudará en el lugar donde ocurrió la interrupción antes de la conducta violenta (saque de banda, tiro libre, etc.).

Se considera también *conducta violenta* cuando un jugador agrede a uno de sus compañeros, al árbitro, a un juez de línea, a un espectador, etc. Como se indica más arriba, la agresión puede ocurrir cuando el balón está en juego o fuera de juego. Si el balón está en juego, se sancionará con un tiro libre indirecto al equipo del jugador agresor en el lugar donde ocurrió la conducta violenta, o con un balón a tierra lanzado en el lugar donde se encontraba el balón en el momento de cometer la falta, si la agresión ocurrió fuera de los límites del terreno. Si el balón está fuera de juego, el partido se reanudará en el lugar donde ocurrió la interrupción antes de la conducta violenta (saque de banda, tiro libre, etc.).

2. Tacles

a) *El tacle con deslizamiento* con un pie o con ambos, está autorizado si el árbitro estima que no es peligroso. Sin embargo, si el jugador que efectúa el tacle, no toca el balón, pero toca a su adversario haciéndole caer, el árbitro concederá un tiro libre directo al equipo contrario y *amonestará* al jugador culpable.

b) *El tacle* por detrás, *que sea violento y efectuado con poca o ninguna posibilidad de ganar el balón*, **queda terminantemente prohibido y será sancionado con un tiro libre directo y con una expulsión.**

3. Infracción al guardameta

Se cometerá una infracción al guardameta cuando un jugador:

a) salte sobre el guardameta con el pretexto de cabecear el balón;
b) se mueva de un lado al otro delante del guardameta para impedirle poner en juego el balón;
c) esté delante del guardameta durante la ejecución de un tiro de esquina y aproveche esa posición para obstruir al guardameta antes de que se ejecute el tiro y antes de que el balón esté en juego;
d) intente patear el balón en el momento en que el guardameta lo suelta para despejarlo.

4. Obstrucción

Un jugador que controla el balón y se encuentra a distancia de juego, es decir, la distancia en la que cubre el balón por razones tácticas con la intención de evitar que pueda ser jugado por un adversario, sin que utilice los brazos, no es culpable de obstrucción.

Todo jugador que obstruya intencionadamente a su adversario cruzándose directamente delante de él o corra entre éste y el balón o se interponga de manera que constituya un obstáculo con el fin de retardar su avance, será castigado con un tiro libre indirecto a favor del equipo contrario.

Sin embargo, todo jugador que impida intencionadamente el avance de un adversario, ya sea empleando la mano, el brazo, la pierna o cualquier otra parte del cuerpo, deberá ser castigado con un tiro libre directo a favor del equipo contrario o con un penal si la infracción ha sido cometida dentro del área penal.

5. Tijera o bicicleta

Este tipo de jugadas está permitido, siempre y cuando, en opinión del árbitro, no sea peligroso para el contrario.

6. Saltar contra un adversario

Un jugador que salta contra su adversario con el pretexto de cabecear la pelota, será castigado con un tiro libre directo a favor del equipo contrario.

7. Prohibido usar el cuerpo

Un jugador que aparte a un adversario empleando sus manos, brazos, piernas o el cuerpo, será culpable de infracción a la Regla XII y será castigado con un tiro libre directo a favor del equipo contrario.

Se castigarán también los casos en que se sujete o moleste a un adversario para evitar que corra a colocarse en una posición determinada cuando el balón esté fuera de juego (sanción disciplinaria).

8. Amonestación por tocar el balón con la mano intencionadamente o por sujetar a un adversario

Aunque no es usual amonestar a un jugador por tocar el balón con la mano intencionadamente o por sujetar a un adversario, existen circunstancias excepcionales en las cuales, además de la sanción correspondiente, el árbitro deberá amonestar al jugador que cometa alguna de las siguientes faltas:

a) cuando a fin de impedir que el adversario se apodere del balón, y por no poder jugarlo de otra forma, detenga el balón con una o ambas manos, lo golpee con el puño o lo retenga consigo;

b) cuando sujete a un adversario para impedir que éste se apodere del balón;

c) cuando un jugador atacante intente marcar un gol recurriendo al uso ilegal de las manos.

Lo anterior está sujeto a las prescripciones estipuladas en la decisión 14 de la Regla XII del International F.A. Board, (gol evidente u oportunidad manifiesta de marcar un gol = expulsión).

12. Guardametas

Se aplicarán los principios siguientes:

Todo jugador que siendo guardameta y estando dentro de su área penal:

a) en el momento en que controla el balón con sus manos, da *más de cuatro pasos* en cualquier dirección reteniéndolo, botándolo en el suelo o lanzándolo al aire y volviendo a atraparlo sin ponerlo en juego o después de haberlo puesto en juego antes, durante o después de los cuatro pasos, vuelve a tocarlo con las manos antes de que un jugador de su equipo lo toque o lo juegue fuera del área penal, o bien un jugador adversario lo toque o juegue dentro o fuera del área penal, sujeto a las condiciones predominantes de la Regla XII 5 (c), o

b) utiliza tácticas que sólo tienen por objetivo retardar el juego y, por lo tanto, hacer perder tiempo dando una ventaja desleal a su equipo,

será castigado con un tiro libre indirecto, concedido al equipo contrario en el lugar donde se cometió la falta.

Se llama además *la atención sobre el contenido de la Regla XII, decisión 15 del International F.A. Board.*

13. Infracciones persistentes

Todo jugador que persista en infringir las Reglas de Juego deberá ser amonestado.

14. Jugador expulsado por haber recibido dos amonestaciones

Si se expulsa a un jugador después de haber sido amonestado por segunda vez en un partido, el árbitro deberá mostrar primero la tarjeta amarilla e inmediatamente después la tarjeta roja (de manera que quede claro que el jugador está siendo expulsado después de haber sido amonestado por segunda vez y no por una infracción que requiera una expulsión inmediata).

17. Actitud hacia los árbitros

Todo jugador que proteste contra una decisión del árbitro será amonestado.
Todo jugador que agreda o insulte a un árbitro será expulsado.
Aunque el capitán del equipo es el responsable de la conducta de éste, no tiene derechos especiales.

21. Toma de líquidos durante el partido

Los jugadores están autorizados a tomar agua durante el partido, pero, para ello, deberán ir a la línea de banda. Está prohibido el lanzamiento de bolsas de plástico o de otros recipientes llenos de agua al terreno de juego.

COMITÉ TÉCNICO DE ÁRBITROS

G) Regla XII

El "tacle" con deslizamiento (al nivel de suelo) está autorizado si el árbitro estima que no es peligroso. Sin embargo, si el jugador no toca el balón, pero toca al adversario haciéndole caer, se sancionará con un tiro libre directo y amonestación.
El "tacle" yendo con los pies por el aire es jugada peligrosa, aunque no se tocase ninguna parte del cuerpo del adversario (*libre indirecto y amonestación*). Si en la misma jugada se alcanzase al contrario, será calificada como "juego brusco grave" (*libre directo y expulsión*). No puede dudarse.
El "tacle" por detrás, sin posibilidad de jugar el balón, es ilegal y está expresamente prohibida (*libre directo y expulsión*). (...)

• Decisiones 15, 16 de IB ("Oportunidad Manifiesta")
a) El primer punto a considerar es que el avance del jugador que es objeto de la falta sea directamente hacia la puerta contraria; cualquier desviación hacia los laterales implica que ya NO SE CONSIDERE OPORTUNIDAD MANIFIESTA.
b) Esta temporada FIFA ha introducido un elemento más que debemos considerar. Se debe tener en cuenta si la falta se ha producido en una ZO-

NA que se extiende desde los laterales del área de penalty y hasta el medio campo; dentro de esta ZONA SE CONSIDERARÁ OPORTUNIDAD MANIFIESTA, pero si se produce fuera NO SE CONSIDERARÁ OPORTUNIDAD MANIFIESTA.

c) Por supuesto siempre las faltas aludidas son realizadas por el penúltimo defensor, es decir, que delante del atacante no debe existir más que un defensor ya sea el guardameta o un jugador de campo.

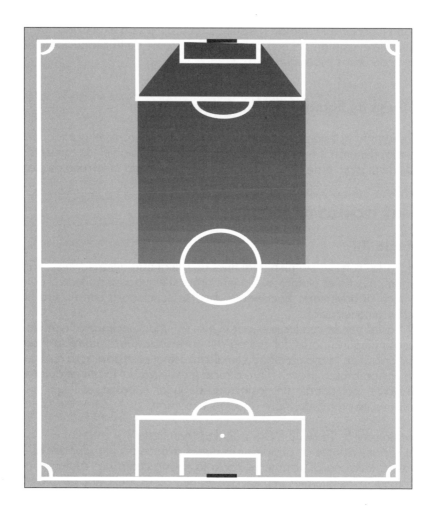

PROLONGACIÓN ZONA DE INFLUENCIA

La regla concreta:

A) **Las acciones que deben ser sancionadas con tiro libre directo.** (Tiros libres de los que se puede marcar gol de forma directa en su ejecución, y que en caso de cometerlas en la propia área de penalti se sancionan con penalti).

- Dar o intentar dar una patada
- Poner una zancadilla
- Saltar sobre un adversario
- Cargar contra un adversario
- Golpear o intentar golpear a un adversario
- Sujetar a un adversario
- Empujar a un adversario
- Tocar el balón con las manos deliberadamente
- Escupir a un adversario.

• Otras acciones, contempladas en el reglamento, que también se sancionan con tiro libre directo o penalti son:
  - Cuando el guardameta golpea de forma intencionada con el balón a un adversario.

– Comportarse de forma violenta (cuando un jugador agrede a un adversario, estando el balón en juego, y sin que el balón esté en disputa directa entre los dos).
– Realizar un tackle con deslizamiento sin tocar el balón, tocando a un adversario y haciéndolo caer.
– Realizar un tackle por detrás, de forma violenta, con poca o ninguna opción de ganar el balón.
– Impedir intencionadamente el avance de un adversario empleando las manos, el brazo o cualquier otra parte del cuerpo.

B) Las acciones que deben ser sancionadas con tiro libre indirecto. (Tiros libres en los que para obtener gol el balón, desde su ejecución, debe ser jugado o tocado por otro jugador antes de que entre en la portería).
– Juego peligroso (ver análisis comentado).
– Cargar con el hombro cuando el balón no está a distancia de juego.
– Obstaculizar el avance de un adversario sin jugar el balón.
– Cargar al portero de forma antirreglamentaria.

Cuando el guardameta:

– Da más de 4 pasos con el balón en las manos.
– Tras jugar el balón con las manos, vuelve a hacerlo antes de que sea jugado por un contrario.
– Jugar el balón con las manos, cuando ha sido cedido deliberadamente con los pies por un compañero.
– Pierde tiempo de forma deliberada.

• Otras acciones, contempladas en el reglamento, que también se sancionan con tiro libre indirecto son:
    – Entrar o salir del terreno de juego sin permiso del árbitro (a excepción de la salida en caso de lesión).

- Desaprobar con palabras o gestos cualquier decisión del árbitro.
- Apoyarse en los hombros de un compañero para cabecear un balón.
- Extender intencionadamente los brazos, moviéndolos, para obstaculizar a un adversario.
- Obstaculizar el avance del guardameta con el fin de evitar que se ponga el balón en juego.
- Cuando el guardameta se echa sobre el balón más tiempo del necesario.
- Cuando un jugador cede el balón con la cabeza a su portero, "haciendo trampa de forma deliberada" para evitar que el portero no pueda jugarlo con las manos.
- Cuando el árbitro detenga el juego para amonestar o expulsar a un jugador.
- Cuando un jugador se muestra culpable de conducta violenta (agresión) hacia un compañero, árbitro, juez de línea, espectador, etc.
- Cuando un jugador intenta patear el balón en el momento en que el guardameta lo suelta para despejarlo.
- Cuando el jugador que efectúa el saque de salida toca por segunda vez el balón, una vez que está en juego, sin que haya sido jugado o tocado previamente por otro jugador.
- Cuando un jugador es declarado en fuera de juego.
- Cuando un jugador que efectúa un tiro libre toca por segunda vez el balón, una vez que está en juego, sin que haya sido jugado o tocado previamente por otro jugador.
- Cuando un jugador que ejecuta un penalti, toca por segunda vez el balón, una vez que está en juego, sin que haya sido jugado o tocado previamente por otro jugador.
- Cuando un compañero del jugador que ejecuta un penalti penetra en el área de penalti, o se acerca a menos de 9,15 m, después de que el árbitro dé la señal para ejecutarlo, y antes de que el balón esté en juego, en el caso de que el balón vuelva al juego de rebote en el guardameta, del larguero o de los postes, y no se haya marcado gol.

– Cuando un jugador que efectúa un saque de banda toca por segunda vez el balón, una vez que está en juego, sin que haya sido jugado o tocado previamente por otro jugador (a excepción de si lo toca con las manos, que sería tiro libre directo).
– Cuando un jugador que efectúa un saque de meta toca por segunda vez el balón más allá del área de penalti, una vez que está en juego, antes de que lo haya jugado o tocado otro jugador.
– Cuando el jugador que efectúa un saque de esquina toca por segunda vez el balón, una vez que está en juego, antes de que lo juegue o toque otro jugador.
– Escupir a un compañero, árbitro, juez de línea, espectador u otras personas a excepción de los contrarios.

C) En qué circunstancias debe mostrarse la tarjeta amarilla de amonestación a un jugador

Cuando un jugador:

- Entra o sale del terreno de juego sin permiso del árbitro (a excepción de la salida en caso de lesión).
- Infringe persistentemente las reglas.
- Protesta o gesticula ante las decisiones arbitrales.
- Se comporta de forma incorrecta:

  - Apoyarse en los hombros de un compañero para cabecear un balón.
  - Extender intencionadamente los brazos, moviéndolos para obstaculizar a un adversario.
  - (En el caso del portero) cuando se echa sobre el balón más tiempo del necesario.
  - Ceder el balón con la cabeza, el pecho, rodilla, etc., "haciendo trampa de forma deliberada", para evitar que su portero no pueda cogerlo con las manos.
  - Gesticular o realizar cualquier acción en un saque libre, con el fin de distraer al adversario.
  - Un adversario del jugador que efectúa un saque de banda gesticula o hace burla para distraerle o estorbarle.
  - Permanecer demasiado tiempo celebrando el gol en la mitad del terreno contrario.
  - Precipitarse sobre las vallas o los espectadores para celebrar un gol.
  - Desplazar el balón como muestra de desacuerdo con una decisión del árbitro.
  - Dirigirse al público de forma incorrecta (no incluye cuando lo hace de forma violenta o grosera).

- Sustituye a un compañero sin que el árbitro haya sido informado previamente.
- Entra en el terreno de juego, para sustituir a un compañero, antes de que lo abandone el jugador al que va a reemplazar.
- Participa en el juego una vez ha sido sustituido.
- El defensor no se retira a la distancia reglamentaria, cuando va a ser ejecutado un tiro libre.

- Sea compañero o adversario del jugador que ejecuta un penalti, penetra en el área de penalti o se acerca a menos de 9,15 m después de que el árbitro dé la señal para ejecutarlo y antes de que el balón esté en juego.
- Toca el balón con la mano intencionadamente con el fin de que el adversario no se apodere de él.
- Sujeta a un adversario para impedir que se apodere del balón.
- Intenta marcar gol con las manos.
- Realiza un tackle con deslizamiento, sin tocar el balón, tocando al adversario y haciéndole caer.
- Retarda deliberadamente la ejecución de un tiro libre.
- Sale de la barrera defensiva prematuramente.
- Se muestra culpable de pérdida de tiempo:
  • Fingiendo estar lesionado.
  • Ejecutando un tiro libre desde una posición incorrecta con el único objetivo de que se proceda a la repetición del mismo.
  • Haciendo lo mismo en un saque de banda.
  • Fingiendo ser él quien ejecutará el saque de banda, y sin motivo deja el balón para que lo realice un compañero.

- Alejando el balón o llevándolo con sus manos después de que el árbitro haya detenido el juego.
- Situándose, el defensor, delante y junto al balón ante un tiro libre del equipo contrario.
- Retardando la ejecución de un saque de banda o un tiro libre.
- Retardando su salida del terreno de juego cuando va a ser sustituido.
- **El guardameta,** si utiliza cualquier maniobra para ganar tiempo en favor de su equipo (como retrasar en exceso el lanzamiento del balón al juego).
  - Realiza un tackle yendo con los pies por el aire.

D) En qué circunstancias debe mostrarse la tarjeta roja de expulsión a un jugador

Cuando un jugador, en opinión del árbitro, es culpable de:

- Conducta violenta (ver Instrucciones Adicionales).
- Juego brusco grave.
- Actuar de forma injuriosa o grosera.
- Una acción que merece la segunda tarjeta amarilla, incluso cuando se produce en una tanda de penaltis.
- Habiendo realizado una falta que merece la tarjeta amarilla, y mientras se le va a mostrar, comete otra igualmente merecedora de amonestación.
- Evitar una ocasión manifiesta de marcar un gol del contrario que se dirige hacia la portería, utilizando medios ilegales.
- Evitar un gol o una manifiesta ocasión de marcar gol mediante una mano intencionada, a excepción del portero en su propia área de penalti.
- Realizar un tackle por detrás, violento con poca o ninguna intención de jugar el balón.
- Agredir o insultar a un árbitro.
- Escupir a los oficiales, compañeros, adversarios, espectadores u otras personas.

"El origen del *golpe franco* (...) o tiro libre (...) se encuentra en la Reglas de Cambridge (1848) y el *golpe franco indirecto* está recogido en el código de la *Sheffield Association,* impreso en 1886.

En 1893 se dispuso que el portero no podía ser cargado salvo si jugaba el balón o hacia obstrucción al jugador que le cargó. En 1905 se admite la carga legal, siempre que no sea ni violenta ni peligrosa.

En 1910 los árbitros deben hacer la distinción entre una acción intencionada o no intencionada; en este segundo caso, no debe considerarse que existe ninguna infracción.

En 1914 se considera que golpear intencionadamente a un adversario es una falta contra el *fair play.* Este tipo de acciones se llamaban hace unos años *juego sucio* y en la actualidad el término se ha suavizado considerándolas *juego peligroso*"[27]

[27] *Op. cit.* a (2). Pag. –22–.

1. LAS 10 FALTAS SANCIONADAS POR LA REGLA CON TIRO LIBRE DIRECTO

De estas faltas especificadas, la regla distingue dos tipos:

A) Faltas que se sancionan cuando se realizan de forma peligrosa, imprudente o con el uso de una fuerza desproporcionada

"Un jugador que comete una de las seis faltas siguientes de una manera que el árbitro considera imprudente, peligrosa o con el uso de una fuerza desproporcionada:

a) dar o intentar dar una patada a un adversario; o
b) poner una zancadilla a un adversario; o
c) saltar sobre un adversario; o
d) cargar contra un adversario; o
e) golpear o intentar golpear a un adversario; o
f) empujar a un adversario..."

- No existe infracción por el simple hecho de cometer una de estas faltas, sino que para ello es necesario que exista por parte del jugador al realizar esta acción, según el criterio del árbitro: imprudencia, peligrosidad o el uso de una fuerza desproporcionada.

B) Faltas que se sancionan por el simple hecho de cometerse

"g) al poner una zancadilla a un adversario tocar al adversario antes de tocar el balón; o

h) – sujetar a un adversario; o
– escupir a un adversario; o

i) tocar el balón con las manos deliberadamente, es decir, golpear o empujar el balón con su mano o brazo (esto no se aplica al guardameta dentro de una propia área penal); ..."

2. SANCIONAR LA INTENCIÓN

"Dar o intentar dar una patada..."
"Golpear o intentar golpear a un adversario..."

- En estas 2 faltas, el reglamento no sólo sanciona el hecho de cometerlas, sino que la sola intención de realizarlas (aunque no se llegue a producir el contacto físico por parte del infractor) es motivo suficiente de sanción.
- Supongamos que la acción del dibujo es cometida por el defensor dentro de su propia área de penal. El árbitro deberá sancionar con penalti la intención del defensor de golpear a un adversario.

3. ZANCADILLA • La regla distingue, a partir de las últimas
modificaciones, dos posibles acciones
sancionables en relación a esta falta:
– Cuando un jugador pone una zancadilla,
tocando al adversario antes que al balón,

es considerado como falta por el reglamento sin ninguna otra consideración.
– Cuando al poner la zancadilla no toca al contrario. En este caso el árbitro valorará, para sancionar la acción como falta, la existencia de imprudencia, peligrosidad o el uso de una fuerza desproporcionada.

4. SALTAR SOBRE UN ADVERSARIO

• Se debe distinguir entre el hecho de desequilibrar al contrario como consecuencia de la disputa de un balón aéreo del producido cuando el infractor salta con la única intención de contactar con el adversario sin tener opción ni intención de jugar el balón.

5. ESCUPIR A UN ADVERSARIO

• Supongamos que en un saque de esquina existe un forcejeo entre un defensor y un atacante. Tras la ejecución del mismo, el defensor escupe a un adversario, siendo este hecho percibido por el árbitro.
Esta acción, como vemos en la Regla, además de con la expulsión deberá castigarse con penalti, ya que la infracción, que debería sancionarse con libre directo, ha sido cometida dentro de la propia área de penal.

6. TOCAR EL BALÓN CON LAS MANOS

- Se considera tocar el balón con las manos cuando se golpea o empuja con la mano o el brazo (a partir de la articulación del hombro).
  El árbitro sólo sancionará esta acción cuando se realice de forma deliberada.

7. PENAL

"Si un jugador del equipo defensor comete una de las diez faltas mencionadas dentro del área penal, será castigado con un penal".

- No queda suficientemente aclarada la expresión *"... dentro del área penal..."*. A partir de este texto se puede interpretar que cuando un defensor comete una de las diez faltas mencionadas en cualquiera de las dos áreas de penal, será castigado con penalti, cuando en realidad sólo se puede sancionar con este castigo cuando comete la falta dentro de su propia área de penal.
- Tampoco se expone claramente qué se entiende por *"... jugador del equipo defensor..."*. Veamos una posibilidad:
  - El equipo blanco se halla en posesión del balón, atacando sobre la portería del equipo con camiseta oscura.
  - El equipo defensor está situado dentro de su campo, excepto el jugador nº 9 que ha quedado momentáneamente lesionado.
  - El jugador 5, que lo vigila, inicia una discusión con él que finaliza con una patada sobre el número 9 adversario.

- El juez de línea, que observa la acción, advierte al árbitro de tal hecho.

• En esta situación observamos que:

- Existe una patada, que es cometida por el infractor en su propia área de penalti por lo que debe sancionarse con penalti.
- Sin embargo, el infractor en este momento no es un *"...jugador del equipo defensor..."*.

Por todo ello, si el árbitro sanciona la acción debe ser penalti, pero en cambio la regla se refiere únicamente a *"... un jugador del equipo defensor..."*.
Ante tal situación se deberá especificar, qué se considera como jugador del equipo defensor

8. CONCESIÓN DE UN PENAL

"Un penal podrá ser concedido, cualquiera que sea la posición del balón en el momento de cometerse la falta..."

• Como vemos en el dibujo, mientras el juego se desarrolla en la zona de medio campo, un defensor, pensando que no será visto por el árbitro (dada la distancia a la que está del balón),

empuja intencionadamente a su contrario dentro de su área de penal.

• Dado que el criterio a seguir es el lugar donde se produce la falta, independientemente de donde se halla el balón, el árbitro deberá señalar penal.

9. JUEGO PELIGROSO

"Jugar de una forma que el árbitro estime peligrosa..."

- Veamos algunas acciones que pueden considerarse como juego peligroso.

Entrar en plancha.

- Esta acción consiste en:
  - Entrar al balón con la/s suela/s por delante, cuando el contrario se halla próximo al balón con posibilidad e intención de jugarlo, de forma que resulte peligroso para éste.
  - Mantener el pie estático frente al balón cuando el contrario va a despejarlo, de forma que resulte peligroso para éste.

"Tijera" o "Chilena"

- Esta acción se debe sancionar cuando el contrario se halla próximo al balón, con posibilidad e intención de jugarlo, de forma que resulte peligrosa para éste.

Levantar la pierna

- Esta acción consiste en atacar el balón levantando el pie excesivamente cuando el contrario se halla próximo al balón con posibilidad e intención de jugarlo, de forma que resulte peligroso para éste.

Intentar dar una patada al balón mientras lo tiene el portero

- Se trata de cualquier acción con el pie que implique el hecho o la intención de entrar en contacto con el balón cuando lo tiene el guardameta.

Realizar un tackle con los pies por el aire

10. CARGA LEAL

- La acción de cargar lealmente consiste en desplazar con el hombro a un contrario, sin violencia ni peligrosidad.
- Si el balón está a distancia de juego por ambos jugadores, se trata de una acción legal, mientras que cuando se realiza sin posibilidad de jugarlo, se trata de una acción ilegal.
- Cuando durante la realización de la carga acaba utilizándose el brazo para apartar al jugador contrario, la acción se considerará como empujar, sancionándose con tiro libre directo.

11. CARGA AL PORTERO

- Aun siendo de forma leal, el reglamento prohíbe cargar al portero dentro de su propia área de meta, excepto cuando:
  – Se halla en posesión del balón, o
  – Obstruye a un adversario

- Fuera del área de meta se le debe aplicar la misma normativa que al resto de los jugadores.

12. SAQUE DE PORTERO

A partir de que el portero tiene el balón controlado con sus manos;

• Debe ponerlo en juego:
  – Sin retenerlo injustificadamente.
  – Sin dar más de 4 pasos.

- Una vez puesto en juego antes, durante o después de los 4 pasos, no puede tocarlo de nuevo con las manos:
  - Sin que lo haya tocado previamente un jugador adversario.
  - Sin que lo haya tocado previamente un compañero desde fuera del área de penal (a excepción de si éste se lo cede deliberadamente con los pies).

- Con el balón en juego:
  - No podrá, en ningún caso, tocar el balón con las manos después de que un compañero se lo ceda con el pie deliberadamente.

13. FALTAS REITERADAS

"Un jugador será amonestado y se le monstrará tarjera amarilla:.. si infringe con persistencia las Reglas de juego..."

- Como hemos visto en la Regla IX, la realización persistente de faltas es un recurso utilizado por entrenadores y jugadores, cuando se enfrentan a equipos de calidad superior a la propia.

De esta forma consiguen romper el ritmo del partido y anular situaciones de ventaja favorables al equipo contrario.

La regla contempla esta circunstancia como motivo para amonestar al jugador o jugadores que utilicen este "método".

También observamos que en ocasiones estas infracciones se dirigen en su mayor parte a un determinado jugador.

14. DESAPROBAR LAS DECISIONES DEL ÁRBITRO

"Un jugador será amonestado y se le mostrará tarjeta amarilla:... si desaprueba con palabras o gestos cualquier decisión del árbitro..."

- A pesar de la claridad con la que se manifiesta el reglamento en este aspecto, vemos constantemente la condescendencia que habitualmente tiene el árbitro en este tipo de acciones.

15. AYUDA DESLEAL

"Si un jugador se apoya sobre los hombros de otro jugador de su mismo equipo con intención de cabecear el balón, el árbitro detendrá el juego..."

- Es, por lo tanto, ilegal apoyarse, aunque sea en un compañero, ya que con ello se persigue obtener ventaja en el salto de una forma desleal.

– «En un partido jugado con el Valladolid frente al R. Madrid, faltando dos minutos para terminar el encuentro, el árbitro nos anuló un gol en un saque de esquina cuando nuestro compañero no había tocado a ningún jugador del equipo contrario. Ese día el R. Madrid necesitaba ganar para proclamarse Campeón de Liga.

Ello nos llevó, en ese momento, a "pensar mal" del árbitro. Después descubrimos que nuestro jugador se había apoyado en otro compañero.

El desconocimiento de este aspecto del reglamento nos indujo al error de creer que el árbitro había fallado».

16. AUTORIZACIÓN ARBITRAL PARA ENTRAR EN EL TERRENO

"La señal de aquiescencia del árbitro debe ser dada por un gesto expresivo, que permita hacer comprender al jugador que puede penetrar en el terreno"

- En los casos en que no es necesario que el juego esté detenido para que un jugador se incorpore o reincorpore al juego (por ejemplo, en caso de lesión), el árbitro deberá manifestar claramente su autorización.

**17. OCASIÓN
MANIFIESTA
DE GOL**

*"Si, en opinión del árbitro, un jugador que se dirige
hacia la portería contraria con la oportunidad
manifiesta de marcar un gol, es impedido por un
adversario con medios ilegales... el jugador
infractor deberá ser expulsado del campo de juego
por juego brusco grave..."*

- El International F.A. Board utiliza el concepto de "gol evidente u oportunidad manifiesta de marcar gol". El Comité Técnico de Árbitros analiza este concepto y concreta:
  - Que el atacante poseedor del balón debe dirigirse directamente hacia la portería contraria.
  - Que el atacante debe hallarse en la zona de influencia (ver dibujo "prolongación del área de influencia" e Instrucciones Adicionales).
  - Que el jugador que cometa la infracción sobre dicho atacante debe ser el último o el penúltimo defensor (incluyendo al portero).

Veamos algunos casos:

- El atacante poseedor del balón se halla solo delante del defensor. Para desbordarlo realiza un autopase. El defensor para evitarlo lo obstaculiza, desequilibrándolo y dando tiempo a su portero para hacerse con el balón.
  - En una situación normal del juego esta falta *"obstaculizar el avance de un adversario sin jugar el balón",* sería sancionada únicamente con tiro libre indirecto.

- Sin embargo, en este caso, dado que:

  – El infractor es el penúltimo defensor
  – El atacante se dirige directamente hacia la portería y
  – se hallaba en zona de influencia.

- El árbitro deberá señalar:

  – Tiro libre indirecto y
  – Expulsión directa (tarjeta roja) del infractor.

- Tras un saque de esquina el portero se encuentra en el suelo después de haber despejado el balón, siendo éste rematado directamente hacia la portería por un atacante. El defensor que se encontraba protegiendo el palo impide intencionadamente con la mano que se marque gol.

- En este caso, el árbitro debe sancionar:

  – Penalti (tocar el balón con la mano deliberadamente, dentro del área).
  – Expulsión del jugador por evitar, tocando el balón con la mano de forma deliberada, una ocasión manifiesta de gol.

**Gráfico 1:
SUJETAR AL
ADVERSARIO**

*"Sujetar"
con los pies*

*"Sujetar"
con la rodilla*

- La Regla determina que se debe sancionar con tiro libre directo la acción de sujetar a un adversario. Comúnmente, "sujetar" se relaciona con la acción de agarrar con la mano al adversario.

"Sujetar"
con el cuerpo

- Sin embargo, en las Instrucciones Adicionales se amplía este concepto a cualquier acción física con contacto con el contrario, realizada con el brazo, con las piernas o con cualquier otra parte del cuerpo, que impida, intencionada e ilegalmente, el avance del mismo.

Gráfico 2:
LOS 4 PASOS
DEL PORTERO

- El portero, tras controlar el balón con las manos y realizar 2 pasos con él, lo suelta y lo conduce con los pies. Inmediatamente después lo vuelve a coger, da 2 pasos más para posteriormente lanzarlo al juego.
  - El reglamento anteriormente determinaba que el portero no podía dar más de 4 pasos con el

balón controlado antes de ponerlo en juego. Esto permitía que durante la realización de los 4 pasos pudiera soltar el balón y conducirlo, sin perder la opción de recogerlo para dar los pasos que aún le restaban.

– Esta posibilidad era utilizada por diversos guardametas para perder tiempo de juego, lo que anulaba el objetivo principal de esta norma.

– Posteriormente, se ha introducido la prohibición de que el portero pueda volver a tocar el balón con la mano, una vez lo ha soltado (antes,

durante o después de los 4 pasos), a excepción de los casos que determina la regla.

• Según esta modificación, el portero, una vez ha soltado el balón, sólo puede jugarlo con el pie.

- Los dos jugadores se agreden (patada y puñetazo) al mismo tiempo.
  - En este caso, el árbitro deberá detener el juego, expulsará a los 2 jugadores, y reanudará el juego con un balón a tierra, ya que no se puede

favorecer con el saque a ningún equipo al ser
ambos infractores y habiendo cometido faltas de
la misma gravedad.

- En la disputa del balón un jugador comete juego
peligroso ("plancha"), mientras que de forma
simultánea el otro jugador lo empuja.
  - En este caso, el árbitro sancionará sólo el
  empujón, (tiro libre directo), ya que se trata de
  la más grave. El hecho de no sancionar el juego
  peligroso no impide la sanción disciplinaria
  (amonestación) si fuera procedente según la
  opinión del árbitro.
- Se aplicará el mismo criterio cuando se cometan 2
faltas de forma simultánea por un mismo jugador.

**Gráfico 4:
FALTAS
CONSECUTIVAS**

- El defensor realiza sobre el atacante una carga sin
que el balón esté a distancia de juego, y
posteriormente lo empuja. Aun siendo el empujón
falta más grave, el árbitro debe sancionar la falta
que se cometió en primer lugar.

**Gráfico 5:
FALTA
COMETIDA
FUERA DEL
TERRENO**

- Los dos jugadores han caído fuera del terreno por inercia del juego mientras el balón continúa en su interior.
  - En ese momento, uno de ellos, al levantarse, recibe una patada del contrario (encontrándose aún fuera del terreno).
  - El árbitro en este caso deberá detener el juego, expulsar al jugador si procede, reanudando el juego mediante un balón a tierra en el lugar donde se encontraba el balón en el momento de la detención del juego.
  - No se puede reanudar el juego con tiro libre, ya que éste debería ejecutarse en el lugar donde se cometió la infracción (es decir, fuera del terreno). Al ser esto imposible, el balón a tierra es la única solución reglamentaria válida, a pesar incluso de que se perjudica al equipo que sufrió la falta.

**Gráfico 6:
CUBRIR EL BALÓN**

- El jugador poseedor del balón lo protege en una esquina del campo con el fin de ganar tiempo y de que no lo controle el equipo contrario.
  - En este caso, el reglamento, aun siendo una obstrucción, no lo considera falta "... *porque el*

jugador está ya en posesión del balón que cubre por razones tácticas y también porque la pelota queda a distancia de juego..."

- El contrario, en este caso, puede cargar al poseedor, desplazándolo con el hombro para recuperar el balón.

Gráfico 7: SANCIÓN AL PORTERO POR RETARDAR EL JUEGO

- Recordemos la final de la Recopa de Europa'95 entre el Real Zaragoza y el Arsenal. El portero Seaman realizó en diversas ocasiones la jugada que vemos en el dibujo; antes durante o después de hacer los 4 pasos soltaba el balón, lo conducía fuera del área de penal para lanzarlo al campo contrario con el pie. De esta forma lograba una mayor distancia y precisión en el lanzamiento hacia sus delanteros.
  - En este caso se trataba de una acción legal, ya que en ningún momento pretendió perder tiempo de juego.
- Sin embargo, si en una acción similar el portero volviera hacia su área con el balón, el árbitro podría interpretar intención de retardar el juego, con pérdida de tiempo, sancionándolo con tiro libre indirecto.

"Siendo guardameta...

Utilizar una táctica que, en opinión del árbitro, sólo lleva a retardar el juego y por lo tanto hace perder tiempo... será castigado con un tiro libre indirecto".

Expulsión
por doble
amonestación

• El jugador infractor comete una falta merecedora de amonestación. Mientras el árbitro se la muestra, protesta airadamente, lo que comporta la segunda amonestación. Tras mostrarle la segunda tarjeta amarilla, el árbitro le mostrará la roja.

"Si se expulsa a un jugador después de haber sido amonestado por segunda vez, el árbitro deberá mostrar primero la tarjeta amarilla e inmediatamente después la tarjeta roja (de manera que quede claro que el jugador está siendo expulsado después de haber sido amonestado por segunda vez y no por una infracción que requiera una expulsión inmediata)".

Expulsión directa

- En este caso, mientras el árbitro le muestra la tarjeta amarilla, el jugador le escupe. Dado que esta falta merece expulsión directa, el árbitro le mostrará automáticamente la tarjeta roja de expulsión.

Gráfico 9: AGRESIÓN CON EL BALÓN POR PARTE DEL PORTERO

"Si el guardameta golpea a un adversario lanzándole el balón o empujándolo con el balón mientras lo retiene en sus manos, el árbitro deberá conceder un tiro penal si la falta se produce dentro del área penal."

COMENTARIOS SOBRE LA APLICACIÓN DE LA REGLA Y LAS POSIBILIDADES DE JUEGO QUE OFRECE

- Puede ocurrir en el transcurso del partido que, al ser expulsado del terreno un jugador, éste se niegue a abandonarlo. Resulta evidente que, mientras no lo haga, no se podrá renudar el juego.
  En este caso, el árbitro debe seguir los siguientes pasos hasta conseguir la retirada del jugador:
  – Insistir al jugador de la necesidad de que abandone el terreno.
  – Solicitar la intervención del capitán del equipo.
  – Dirigirse a los oficiales del equipo (delegado) para que intervengan.

- Convenir con el delegado de campo las medidas a tomar.
- En el caso de que persista en su actitud, deberá suspender el encuentro.

- Recordamos que en la actualidad el capitán es el responsable ante el árbitro de la conducta de su equipo, sin que por ello tenga derechos especiales (protestar las decisiones arbitrales, solicitarle explicaciones, etc.).

- Las tarjetas son un medio que ayudan al árbitro a controlar el partido. Además de utilizarlas para castigar disciplinariamente a un jugador, provocan la moderación de las actitudes y las acciones agresivas que pueden mostrar uno o ambos equipos.
  Estas actitudes pueden estar motivadas, entre otras razones, por:
  - La importancia del partido.
  - La existencia de una rivalidad "histórica" entre los equipos.
  - Un ambiente tenso creado de forma previa al encuentro (declaraciones, decisiones públicas, etc.).
  - Utilización de faltas "tácticas" de forma reiterada por parte de un equipo para contrarrestar la superioridad técnica del contrario.

- Mostrando tarjeta en el momento oportuno (antes de que se complique el control del encuentro) se provoca el replanteamiento de el/los jugador/es en relación a su actitud, ya que el hecho de ser amonestado puede implicar:
  - Posibilidad de ser expulsado, dejando en este caso en inferioridad a su equipo.
  - Desarrollo condicionado de las acciones defensivas por temor a la segunda amonestación.
  - Posible suspensión para encuentros posteriores por acumulación de tarjetas.
  - Sanciones económicas.

- El fútbol es un deporte viril en el que está permitido el contacto físico entre los jugadores.

Por esta razón, las reglas no sancionan el choque
o contacto, siempre que la acción tenga como
único objetivo el balón, o bien sea consecuencia
del propio juego.

Es, pues, importante que, desde que el jugador se
inicia en este deporte, no se condicione la
intensidad ni la agresividad de sus acciones,
aunque ambos aspectos deben manifestarse
exclusivamente para luchar lealmente por el
balón, y siempre dentro de los límites marcados
por el reglamento.

De este aspecto se deriva la importancia del
conocimiento extensivo de las reglas por parte de
los jóvenes jugadores.

El "fair-play" debe, por lo tanto, manifestarse en
todas las acciones del juego, tanto por parte del
jugador que lucha por el balón como por el que lo
controla.

De esta forma, la simulación de una falta
inexistente, induciendo al árbitro a error para
sacar provecho desleal, es tanto o más deplorable
que el hecho de cometer una acción merecedora
de sanción.

REGLA XIII

Tiros libres

Los tiros libres se clasifican en dos categorías: el tiro libre directo (del cual se puede ganar directamente un tanto **en contra del equipo que cometió la falta**) y el tiro libre indirecto (del que no puede lograrse válidamente un tanto sino cuando el balón, antes de traspasar la meta, haya sido jugado o tocado por un jugador distinto de aquél que efectuó el tiro).

Cuando un jugador lanza un tiro libre directo o indirecto desde el interior de su propia área penal, todos los jugadores del equipo contrario deberán estar por lo menos 9,15 mts. del balón y deberán quedarse fuera del área penal hasta que el balón haya sido lanzado fuera del área. El balón estará en juego inmediatamente después de haber recorrido una distancia igual a su circunferencia y haber sido lanzado más allá del área penal. El guardameta no podrá recibir el balón en sus manos con objeto de lanzarlo al juego. Si el balón no es tirado directamente al juego más allá del área de penal, el tiro deberá ser repetido.

Si un jugador lanza un tiro libre directo o indirecto fuera de su propia área penal, todos los jugadores del equipo contrario deben estar a una distancia de al menos 9,15 mts. del balón hasta que esté en juego, salvo si ellos se encuentran colocados sobre su propia línea de meta y entre los postes del marco. El balón estará en juego después de haber recorrido una distancia igual a su cincunferencia.

Si un jugador del equipo contrario penetra en el área penal o se acerca a menos de 9,15 mts. del balón, en cualquiera de los dos casos, antes de que el tiro libre se haya ejecutado, el árbitro deberá retrasar el tiro hasta que se cumpla con la Regla.

El balón debe estar detenido en el momento de ejecutar el tiro libre y el jugador que lo efectúe no podrá volver a jugar el balón antes de que éste haya sido tocado o jugado por otro jugador.

Pese a cualquier otra indicación en estas Reglas con respecto al lugar desde donde se debe ejecutar un tiro libre:

1. Todo tiro libre concedido al equipo defensor dentro de su propia área de meta podrá ser ejecutado desde cualquier lugar del área de meta;

2. Todo tiro indirecto concedido al equipo atacante dentro del área de meta adversaria deberá ser lanzado desde la parte de la línea del área de meta, paralela a la línea de meta, más cercana al sitio donde se cometió la falta.

Sanción:

Si el jugador que ha efectuado un tiro libre juega de nuevo el balón antes de que éste haya sido tocado o jugado por otro jugador, se concederá al equipo adversario un tiro libre en el sitio en donde se cometió la falta, a menos que la infracción haya sido cometida por un jugador en el área de meta contraria; en este caso, el tiro libre podrá ser ejecutado desde cualquier lugar del área de meta.

DECISIONES DEL INTERNATIONAL BOARD

1. Para distinguir si el tiro libre es directo o indirecto, el árbitro, cuando conceda el tiro libre indirecto, deberá indicarlo levantando el brazo en alto. Deberá mantener su brazo en esta posición hasta que el tiro haya sido ejecutado, conservando la señal hasta que el balón haya sido jugado o tocado por otro jugador o que haya salido del juego.

2. Los jugadores que no se retiren a la distancia reglamentaria cuando se vaya a ejecutar un tiro libre deberán ser amonestados, y, en caso de reincidencia, expulsados del terreno de juego. Se recomienda muy particularmente a los árbitros que consideren como incorrección grave todas las tentativas que realicen los jugadores para demorar la ejecución de un tiro libre.

3. Si al ejecutar un tiro libre un jugador se pone a bailar o gesticular con el fin de distraer al adversario, se considerará como conducta incorrecta y él o los jugadores culpables serán amonestados.

INSTRUCCIONES ADICIONALES DE LA REGLA DE JUEGO

Tiros libres...

a) Todo jugador que por cualquier razón retarde deliberadamente un tiro libre de sus adversarios será amonestado (tarjeta amarilla). En caso de reincidencia será expulsado (tarjeta roja).

b) Se deberá amonestar a todo jugador que salga prematuramente de la barrera defensiva, formada a una distancia mínima de 9,15 m del balón, antes de que éste sea pateado. En caso de reincidencia será expulsado.

La Regla estipula que todos los jugadores adversarios deberán retirarse a una distancia mínima de 9,15 metros del balón, pero el árbitro tiene poder discrecional para no tener en cuenta esta estipulación y.permitir que el tiro se ejecute inmediatamente.

COMITÉ TÉCNICO DE ÁRBITROS

H) Regla XIII

– Una vez señalada la falta, el equipo favorecido puede optar por:
a) Ejecutar inmediatamente el tiro libre.
Si el balón toca en un contrario en situación pasiva, que no estaba a la distancia reglamentaria (por no haberle dado tiempo de retirarse) no es acción antirreglamentaria, a menos que este jugador hubiera cortado intencionadamente el tiro.
b) Si el bando favorecido no ejecuta inmediatamente el tiro, el árbitro tiene la obligación de intervenir para colocar a los contrarios a la distancia reglamentaria.
– A los jugadores que se coloquen a menos de 9,15 mt del balón se les indicará con gesto expresivo que se retiren a la distancia reglamentaria; si no obedecen y persisten se les amonestará.
– Una vez dada la señal de ejecución si un defensor se adelanta, deberá ser amonestado, pero siempre aplicando la ventaja.
– El punto de ejecución del tiro libre deberá ser muy estrictamente controlado en la zona de ataque, pero en la zona defensiva cierto margen debe admitirse con el propósito de dar rapidez al juego.

OBJETIVO Y CONSIDERACIONES DE LA REGLA

Cuando el árbitro detiene el juego para sancionar cualquiera de las faltas analizadas en la regla anterior, el juego debe ser reanudado con un tiro libre.

"En 1881, el árbitro quedaba autorizado a conceder un gol en favor de un equipo que estuviera atacando, se encontrase en situación inmejorable de marcar y la defensa desbaratara esa acción cometiendo una falta. Esta disposición tan sólo duró unos meses, ya que se consideró desproporcionada la falta que pudiera cometer la defensa a la concesión de gol.

En 1903 se establece el golpe franco directo para sancionar unas manos voluntarias.

En 1935 el árbitro queda autorizado a penalizar con un tiro libre indirecto cualquier falta al fair play o juego limpio, de la naturaleza que fuera".[28]

- Existen dos grandes aspectos a considerar en la Regla:
  1. Que dependiendo de la gravedad de la falta, el tiro libre podrá ser directo o penalti (del que se puede marcar un gol directamente), o indirecto (que ofrece más posibilidades al defensor para evitar el gol).
  2. La necesidad de evitar que el equipo infractor obtenga beneficio de la infracción cometida:
     - Por ello se determina que:
       - Los defensas deben colocarse al menos a 9,15 m del balón, de forma que se facilite su ejecución.
       - Cuando se comete una falta grave dentro de la propia área de penal se sanciona con tiro de penalti.
       - El equipo atacante puede ejecutar el tiro libre sin necesidad de esperar a la señal del árbitro. De esta forma, puede aprovechar las situaciones en las que el equipo contrario no ha definido aún sus posiciones defensivas.
- Para ejecutar un tiro libre, el balón debe colocarse en el lugar donde se cometió la falta, excepto en el caso de que:
  - Se cometa una falta grave (tiro libre directo) por un jugador en su propia área de penal, debiéndose entonces colocar en el punto de penal.

[28] *Op. cit.* en (2) Pag. –23–

– Un jugador realiza una falta en el área de meta contraria. El tiro podrá ser ejecutado desde cualquier punto del área de meta.

– Un jugador realiza una falta sancionada con tiro libre indirecto en su área de meta. El tiro libre se ejecutará sobre la línea del área de meta, situada paralelamente a la línea de meta, en su punto más cercano al lugar donde se cometió la infracción.

• Las estrategias (jugadas a balón parado) son de gran importancia en el fútbol moderno, ya que un elevado porcentaje de los goles marcados se logra en este tipo de acciones. De esta forma, los tiros libres, así como los saques de esquina, son objeto de gran atención por parte de los entrenadores debido a los resultados que pueden obtener para su equipo.

ANÁLISIS COMENTADO DE LOS ASPECTOS RELEVANTES DE LA REGLA Y SUS CONSECUENCIAS PRÁCTICAS

1. TIRO LIBRE DIRECTO

"... el tiro libre directo (del cual se puede ganar directamente un tanto en contra del equipo que cometió la falta)..."

Por lo tanto, se podrá obtener gol de un tiro libre directo:

- De forma directa
- y si antes de entrar, el balón es tocado por otros jugadores.

– El gol no será válido si este jugador introduce directamente el balón en su propia portería (debiéndose entonces reanudar el juego con saque de esquina).

2. TIRO LIBRE INDIRECTO

"... tiro libre indirecto (del que no puede lograrse válidamente un tanto sino cuando el balón, antes de traspasar la meta, haya sido jugado o tocado por un jugador distinto de aquel que efectuó el tiro)."

En este caso, por lo tanto:

- Para que sea gol válido, el balón debe ser tocado al menos por otro jugador, sea éste compañero o adversario del que ejecutó el tiro libre indirecto.
- El gol no será concedido si el balón entra directamente en la portería. Si ha entrado en la portería contraria, el juego se reanudará con saque de meta, y si lo ha hecho en la propia, con saque de esquina.

3. TIRO LIBRE A EJECUTAR POR PARTE DE UN JUGADOR EN SU PROPIA ÁREA DE PENAL

"... todos los jugadores del equipo contrario deberán estar por lo menos a 9,15 mts. del balón..."

"... todos los jugadores del equipo contrario deberán estar por lo menos a 9,15 mts. del balón y deberán quedarse fuera del área de penal hasta que el balón haya sido lanzado fuera del área."

- Por lo tanto, ningún jugador contrario podrá estar más cerca de 9,15 m del balón, ni entrar en el área de penal hasta que el balón haya salido de ella.

"El balón estará en juego inmediatamente después de haber recorrido una distancia igual a su circunferencia y haber sido lanzado más allá del área de penal."

- Por lo tanto, la acción del gráfico resulta incorrecta, ya que el balón ha sido tocado por otro jugador (sea el portero, otro compañero o un adversario) antes de que estuviera en juego. Por esta razón, el saque del tiro libre deberá repetirse.

• Supongamos que el lanzamiento del tiro libre sale muy corto, y un contrario inicia la carrera para recuperarlo. El ejecutante, para evitar esa pérdida de balón, vuelve a tocarlo después de que haya recorrido una distancia igual a su circunferencia, pero antes de que salga del área de penal.

– Esta acción, que en una situación normal de juego se sancionaría con falta (jugar el balón 2 veces seguidas directamente de un saque), en este caso se debe repetir el tiro libre. Al no haber salido el balón del área de penal, se considera que éste todavía no está en juego.

4. TIRO LIBRE EJECUTADO POR UN JUGADOR FUERA DE SU PROPIA ÁREA DE PENAL

"... todos los jugadores del equipo contrario deben estar a una distancia de al menos 9,15 mts. del balón hasta que esté en juego..."

• De esta forma, ningún jugador contrario puede estar a menos de 9,15 m hasta que el balón no haya recorrido una distancia igual a su circunferencia, excepto si *"se encuentran situados sobre su línea de meta y entre los postes del marco."*

- En el caso de que el balón esté a menos de 9,15 m de la portería, se permitirá que los defensas se coloquen a menos de 9,15 m del balón, pero siempre que estén sobre la línea de meta comprendida entre los 2 postes de su marco. El resto de contrarios que no se sitúen sobre su "línea de puerta" deberán respetar la distancia de 9,15 m.
Como es obvio esta salvedad sólo es aplicable cuando se trata de un tiro libre indirecto, ya que si es directo el árbitro hubiera sancionado la acción con un penalti.

5. BALÓN TOTALMENTE PARADO PARA EJECUTAR UN TIRO LIBRE

"El balón debe estar detenido en el momento de ejecutar el tiro libre..."

- Con el afán de sorprender al contrario, o de aprovecharse de una situación de ventaja, el jugador que ejecuta el tiro libre intenta hacerlo con la mayor rapidez posible (lo que está permitido por el reglamento).

Sin embargo, en muchas ocasiones esta ejecución se hace cuando el balón aún está en movimiento, o desde un lugar distinto donde se cometió la falta.

• Cualquiera de estas dos formas de realizar un tiro libre invalida la ejecución del mismo.

6. EL JUGADOR QUE EJECUTA EL TIRO LIBRE NO PUEDE TOCAR 2 VECES SEGUIDAS EL BALÓN

"... el jugador que lo efectúa no podrá volver a jugar el balón antes de que éste haya sido tocado o jugado por otro jugador."

7. SEÑALIZACIÓN DEL TIRO LIBRE INDIRECTO

"... el árbitro, cuando conceda el tiro libre indirecto, deberá indicarlo levantando el brazo en alto. Deberá mantener su brazo en esta posición hasta que el tiro haya sido ejecutado, conservando la señal hasta que el balón haya sido jugado o tocado por otro jugador o que haya salido del juego."

8. COLOCACIÓN DEFENSIVA EN UN TIRO LIBRE

• Como hemos visto anteriormente el tiro libre ofrece posibilidades ventajosas para el equipo que lo ejecuta.
El equipo defensor trata de utilizar tretas ilegales para contrarrestarlas en lo posible, por ejemplo:
 – Colocándose cerca del balón, evitando así el saque rápido por sorpresa.
 – Colocándose a una distancia claramente inferior a los 9,15 m reduciendo así el ángulo de tiro del atacante.
 – Provocar que un jugador determinado salga de la barrera antes del lanzamiento para cortar la línea de tiro y desconcertar al ejecutante.

- En todos estos casos, el árbitro debe amonestar al jugador o jugadores infractores, excepto cuando de una barrera se adelanten varios jugadores, debiendo ser *"…amonestado quien de ellos, esté más próximo al árbitro."*[32]
- Si en este supuesto el tiro ya ha sido efectuado, el árbitro debe esperar el resultado del mismo, concediendo gol si el balón hubiera entrado en la portería (ley de la ventaja). En caso contrario, repetir el saque.

9. MEDICIÓN DE LOS 9,15 m

"La medida de la distancia debe hacerse con el lógico sistema que FIFA aconseja: caminar deprisa hacia atrás, ligeramente ladeado, sin perder de vista el balón, y al llegar al punto estimado como bueno extender el brazo correspondiente de forma que la barrera se alinee con la extensión."

[29] *Op. cit.* en (10). Pág. –62–

Gráfico 1:
SOLICITUD DE LA
DISTANCIA DE
9,15 M AL
ÁRBITRO

- En el caso de que el ejecutante considere que algún contrario se encuentra a una distancia

menor de 9,15 m que le dificulta el lanzamiento, podrá solicitar al árbitro la medición de la misma. A partir de este momento, para ejecutar el tiro, deberá esperar la señal del árbitro, detalle imprescindible para poder poner en juego el balón.

• Como ya hemos comentado, los planteamientos y sistemas de juego, en los últimos años, basándose en el objetivo de evitar goles en contra (asegurar el punto que "se tiene" al inicio del partido), han provocado tácticas con total prioridad del aspecto defensivo.

Por esta razón, entre otras, cada vez ha sido más difícil marcar goles. Esta situacion comportaba, tal como reflejan las estadísticas, que las ocasiones de gol más claras obtenidas por un equipo surgían en gran parte de las jugadas a balón parado (estrategias).

Ello ha provocado una preparación específica en los equipos de este tipo de acciones, para perfeccionar la ejecución de los tiros libres y los saques de esquina.

Aspectos ofensivos de las estrategias

En este apartado debemos considerar los siguientes elementos:

a) Existencia en un equipo de diversos *jugadores especialistas* en la ejecución de lanzamientos directos en distintas situaciones:
• Lanzamiento desde la derecha.
• Lanzamiento desde la izquierda.
• Lanzamiento con potencia.
• Lanzamientos "colocados".
• Lanzamientos desde distintas distancias.
• Lanzamientos desde distintos ángulos.

b) Preparación y automatización de acciones y movimientos, en los que intervienen dos o más jugadores del equipo en *jugadas ensayadas* de tiro libre indirecto.

Para la correcta realización de estas estrategias se debe disponer de los jugadores adecuados para cada acción y movimiento:

- Toque del balón.
- Fintas de engaño.
- Pases o paredes.
- Centros.
- Remate.

Con las estrategias se trata de conseguir diferentes situaciones que faciliten la consecución del gol, como por ejemplo:

b.1.) Colocar el balón de forma que se evite la oposición de la barrera.

b.2.) Desplazar a la defensa contraria hacia una zona, para jugar el balón al espacio libre creado.

b.3.) Situar el balón mediante 2-3 toques rápidos dentro del área contraria con la defensa desbordada, de forma que esté en disposición de ser rematado a gol.

Cada entrenador diseñará las estrategias más adecuadas a su equipo, en relación a:

- La situación del balón (distancia, zona y ángulo).
- Las características de los jugadores que participan en la/s acción/es previa/s al remate.
- Las características del rematador.

c) La aparición, mediante acciones individuales y de juego en corto, de faltas en la frontal del área contraria, como recurso (si se dispone de jugadores especialistas) cuando las acciones de ataque y contraataque no permiten superar la disposición defensiva del equipo contrario.

d) Manifestación de una especial predisposición, ante situaciones propicias, a realizar el saque de forma rapida para evitar la colocación defensiva del contrario y sorprenderlo.

Aspectos defensivos de las estrategias

Para contrarrestar las acciones analizadas anteriormente, debemos disponer las posiciones defensivas de nuestros jugadores, teniendo en cuenta:

a) La colocación de la barrera

- Situarla a la menor distancia posible que sea permitida por el árbitro.

- Colocar el número de jugadores que la situación del balón y nuestro portero determinen.
- Colocar en ella a los hombres más altos del equipo (al menos en las 3 primeras posiciones de la barrera a partir del palo).
- El portero "alineará" al primer hombre de la barrera entre el balón y el palo. Una vez situado deberá añadir otro jugador para cubrir los balones lanzados con efecto.
- Un hombre de la barrera, en el preciso momento en que el balón esté en juego, deberá salir hacia él, para intentar interceptar la trayectoria del mismo.
- El resto de jugadores componentes de la barrera deberán evitar que exista ningún espacio entre ellos por donde pueda pasar el balón.
- En el momento del disparo, todos los jugadores de la barrera deben "alcanzar su mayor altura" posible (posición de puntillas y cabeza erguida).

b) Disposición defensiva del resto de jugadores

- Evitar colocar en la barrera a los jugadores de gran eficacia defensiva, reservándolos para las acciones de marcaje sobre los atacantes.
- Mantener a uno o más jugadores en disposición ofensiva para iniciar el contraataque de forma rápida, si recuperamos o rechazamos el balón.

Debemos tener en cuenta el fuera de juego para mantener a los atacantes lo más alejados posible de nuestra portería, pero tratando de evitar que ganen el espacio libre existente a nuestra espalda.

c) Colocación y aspectos del portero

- Situarse de forma que se cubra, principalmente, el ángulo de la portería que dejan descubierto los jugadores más altos de la barrera.
- Colocarse a una distancia del palo que cubre de forma que le permita abarcar la mayor distancia posible entre los 2 palos.

- Disposición y atención máximas para realizar una acción explosiva hacia la trayectoria del balón.
- Conocer exhaustivamente las características fundamentales de los especialistas del equipo contrario (informes, medios audiovisuales, etc.).

El penal se tirará desde el punto penal y antes de ejecutarlo todos los jugadores, con excepción del jugador debidamente identificado que ejecutará el castigo y del guardameta adversario, deberán estar en el interior del campo, pero fuera del área penal por lo menos 9,15 mts. del punto penal y deberán estar detrás del punto penal.

El guardameta adversario deberá permanecer sobre su propia línea de meta entre los postes del marco, sin mover los pies, hasta que el balón esté en juego. El jugador que ejecute el castigo deberá lanzar el balón hacia adelante y no podrá volverlo a jugar hasta después que haya sido tocado o jugado por otro jugador. Será considerado en juego el balón tan pronto como haya sido pateado, es decir, que haya recorrido una distancia igual a su circunferencia. Podrá marcarse tanto directamente de un penal. Cuando un penal se ejecuta durante el curso normal del partido o cuando el tiempo se ha prolongado al medio tiempo o al final del encuentro con objeto de tirar o volver a tirar un penal, no se anulará un gol si, antes de pasar entre los postes y bajo el travesaño, el balón toca uno o ambos postes o el travesaño o el guardameta o cualquier combinación de estos factores, a condición de que no se haya cometido otra falta.

Sanción:

Para toda infracción a esta Regla:

a) Cometida por el equipo defensor, se repetirá la ejecución del penal si no se ha marcado el tanto;

b) cometida por un jugador del bando atacante que no sea el mismo que lanza el balón, si un tanto es marcado, el tanto será anulado y se tirará de nuevo el penal;

c) cometida por el jugador que lleva a efecto el golpe de castigo y cometida después de que el balón está en juego, se concederá un tiro libre indirecto al equipo contrario en el sitio en que la falta haya sido cometida, sujeto a las condiciones predominantes impuestas por la Regla XIII.

1. Cuando el árbitro conceda un tiro penal, no dará la señal de ejecutarlo hasta que todos los jugadores se encuentren colocados en posición reglamentaria.

2. a) Si, después de efectuado el tiro, el balón fuese detenido en su curso hacia la meta por un cuerpo extraño, el penal será repetido.

b) Si, después de efectuado el tiro, el balón, luego de rebotar en el guardameta, larguero o uno de los postes de meta, fuese detenido en su curso por un cuerpo extraño, el árbitro parará el juego y lo reanudará por medio de un balón a tierra en el lugar donde el balón entró en contacto con el cuerpo extraño, a menos que se hubiera encontrado en el área de meta en ese momento, en cuyo caso deberá ser botado en la parte de la línea del área de meta paralela a la línea de meta, en el lugar más cercano a donde se encontraba el balón cuando se detuvo el encuentro.

3. a) Si, después de haber dado la señal de ejecución del penal el árbitro comprueba que el guardameta no se encuentra en la posición ordenada sobre la línea de meta, deberá a pesar de esto, permitir que siga la jugada. Si el tanto no es marcado, entonces se debe repetir.

b) Si, después de que el árbitro haya dado la señal de ejecución del penal y antes que el balón sea lanzado, el guardameta mueve sus pies, el árbitro deberá, a pesar de eso, permitir que siga la jugada. Si el tanto no es marcado, entonces se debe repetir.

c) Si, después de que el árbitro haya dado la señal de ejecución de un tiro penal y antes de que el balón esté en juego, un jugador del equipo defensor entra en el área penal o se acerca a menos de 9,15 mts del punto penal, el árbitro permitirá, pese a ello, la ejecución, pero repetirá el tiro penal si no se ha obtenido gol.

El jugador infractor será amonestado.

4. a) Si, cuando se lanza un tiro penal, el jugador encargado de tirarlo fuese culpable de conducta incorrecta, el tiro, si ya ha sido ejecutado, debe repetirse si el tanto fue marcado.

El jugador infractor será amonestado.

b) Si, después de que el árbitro dio la señal para ejecutar un tiro penal y antes de que el balón esté en juego, un compañero del jugador que ejecuta el penal penetra en el área penal o se acerca a menos de 9,15 mts, el árbitro deberá, a pesar de eso, permitir que continúe el juego. Si se marca un tanto, éste se anulará y el tiro se repetirá.

El jugador infractor será amonestado.

c) Si en las circunstancias descritas en el párrafo anterior, el balón vuelve al juego de rebote del guardameta, del larguero o de uno de los postes de meta y no se ha marcado un gol, el árbitro deberá parar el juego, amonestar al jugador y otorgar un tiro libre indirecto al equipo contrario desde el lugar donde se cometió la infracción, sujeto a las condiciones predominantes impuestas por la Regla XIII.

5. a) Si, después de que el árbitro haya dado la señal de ejecución de un tiro penal y antes de que el balón esté en juego, el guardameta cambia de posición sobre la línea de meta o mueve sus pies y un compañero del que efectúa el tiro penetra en el área penal o se acerca a menos de 9,15 mts del punto penal, el tiro, si ha sido ejecutado, será repetido.

El compañero del que ejecutó el tiro será amonestado.

b) Si, después de que el árbitro haya dado la señal de ejecución de un tiro penal y antes de que el balón esté en juego, un jugador de cada equipo penetrase en el área penal o se acercaran a menos de 9,15 mts del punto penal, el tiro, si hubiese sido ejecutado, será repetido.

Los jugadores infractores serán amonestados.

6. Cuando la duración del juego sea prolongado, al medio tiempo o al final del partido, para lanzar o repetir un tiro penal, esta prórroga debe durar hasta el momento que el penal haya terminado su efecto, es decir, hasta que el árbitro haya decidido otorgar o no el tanto, y el partido terminará inmediatamente después de que el árbitro haya tomado su decisión.

Después de que el jugador que ejecuta el penal haya puesto el balón en juego, ningún jugador que no sea el portero defensor podrá jugar o tocar el balón antes de que se haya finalizado el puntapié.

7. Cuando el penal se ejecutó en tiempo de prórroga:

a) Todas las previsiones de los párrafos anteriores, excepto los párrafos anteriores, excepto los párrafos 2 b) y 4 c), los cuales se aplicarán del modo usual y

b) en las circunstancias descritas en los párrafos 2 b) y 4 c), el juego terminará inmediatamente cuando el balón rebote del guardameta, del transversal o del poste de meta.

INSTRUCCIONES ADICIONALES DE LA REGLA DE JUEGO

COMITÉ TÉCNICO DE ÁRBITROS

I) Regla XIV

- Recordar que en penaltis fuera de tiempo o tandas para dilucidar un ganador:

a) El tanto no será anulado si el balón, antes de traspasar la línea de meta toca uno o los dos postes o el larguero o incluso al guardameta, o una combinación de éstos.

b) En las tandas para obtención de resultados la colocación de jugadores debe ser la indicada en la Guía Universal y LOS EQUIPOS NO ESTÁN OBLIGADOS A ADELANTAR LA LISTA DE LANZADORES AL ÁRBITRO.

OBJETIVO Y CONSIDERACIONES DE LA REGLA

Como hemos comentado en distintas Reglas, los planteamientos predominantes hasta estos últimos años, provocan que gran cantidad de partidos acaben con ningún o muy pocos goles, siendo en muchos casos el empate el resultado final.

Por este motivo, el penalti es la sanción que puede tener mayor repercusión de forma directa y trascendental en el resultado final de un partido.

La "pena máxima" limita la actitud de los defensas, ya que de no existir esta sanción, la contundencia, e incluso violencia, de éstos para evitar las ocasiones de gol contrarias anularía el juego en el interior de las áreas.

El reglamento es muy claro al determinar qué faltas o acciones, cometidas dentro de la propia área de penal, deben ser sancionadas con penalti. Sin embargo, y dada esta importancia que hemos comentado, algunas veces una falta que el árbitro sancionaría sin dudar con tiro libre directo fuera del área, en el interior de la misma se inhibe, manifestando un cierto nivel de permisividad, provocado por la enorme presión y trascendencia que implica su decisión.

Vemos que cuando hay aglomeraciones dentro del área, se producen empujones, cargas por detrás e incluso agarrones que dejan de ser sancionados.

El penalti es también utilizado para decidir qué equipo resulta vencedor en una eliminatoria o final, cuando ésta finaliza en empate. La realización de tandas de tiros de penalti ha sustituido al sorteo, que decidía anteriormente cuál era el equipo clasificado.

Así, hemos visto en el Reglamento, cuáles son los pasos que deben seguirse para la correcta realización de una tanda de "penaltis".

El reglamento concreta las situaciones que se provocan cuando el penalti debe lanzarse fuera de tiempo.

Por último, señalar que el penalti es una de las reglas que más modificaciones y matizaciones ha ido incorporando en la historia del Reglamento:

"El penalti nació en 1891 para sancionar todas las faltas intencionadas cometidas a menos de 11 metros de la portería. Para el lanzamiento se admitía que el portero pudiera situarse hasta 6 yardas (5,50 metros) por delante de la línea de meta.

En 1893 se dispuso que, aunque el tiempo del partido hubiera concluido, debería prolongarse, si uno de los dos equipos había sido sancionado con penalty, hasta consumar la ejecución del mismo.

En 1901 se amplió la línea del área de penalty: de los 11 metros establecidos en 1891 se pasó a los 16,45 metros.

En 1902 se estableció que un penalty debe ser señalado si la infracción se comete en el área, aun cuando el balón se encuentre en cualquier otra parte del campo. En 1902 se aplica la ley de la ventaja al penalty: si una falta merecedora del castigo de penalty no es sancionada por el árbitro para no beneficiar al equipo infractor y termina en gol, debe concederse el tanto. Esta jugada resume una de las viejas sentencias de los aficionados y también una de las primeras reglas que aprenden los niños al comenzar a darle patadas a un balón: penalti y gol, gol. O penal y gol es gol, como se dice en América del Sur.

En 1924 se concede como gol la transformación de un penalty lanzado después de que el portero no podía estar situado por delante de la línea de meta en el momento de lanzarse el penalty."[30]

Recordamos que se deben sancionar con penalti todas las faltas que deben ser castigadas con tiro libre directo (ver Objetivo y Consideraciones de la Regla XII), cometidas por un jugador dentro de su propia área de penal, estando el balón en juego, independientemente de donde se halle el balón en el momento en que se comete la falta.

ANÁLISIS COMENTADO DE LOS ASPECTOS RELEVANTES DE LA REGLA Y SUS CONSECUENCIAS PRÁCTICAS

1. SITUACIÓN PREVIA AL LANZAMIENTO DE PENAL

Antes de que el árbitro dé la señal para ejecutar el penalti, deberá tener en cuenta que:

- El balón esté sobre el punto de penalti, que es el punto marcado visiblemente, situado perpendicularmente a 11 metros del punto medio de la línea de meta. (No será válida la ejecución del penalti si se lanza desde otro punto.)
- Todos los jugadores, excepto el que ejecuta el penalti y el portero adversario, estén:
  - Fuera del área de penal.
  - Por detrás del punto de penal.
  - Al menos a 9,15 m del punto de penal.

[30]: *Op. cit.* en (2) –Pág. 28–

(Para guía del árbitro a la hora de aplicar correctamente este último aspecto, en la frontal del área se halla marcada una semicircunferencia que delimita esta distancia desde el punto de penalti.)

- Se haya identificado el jugador que va a ejecutar el penal.
- El guardameta adversario esté pisando con ambos pies la "línea de portería", sin moverlos hasta que el balón esté en juego.

2. EJECUCIÓN DEL PENAL

"El jugador que ejecuta el castigo deberá lanzar el balón hacia adelante."

- En los tiros libres está permitido lanzar el balón en cualquier dirección (atrás, adelante, lateralmente, etc.). Sin embargo, en el penalti resulta obligado que el balón se dirija hacia la línea de meta contraria.
Por lo tanto, no sería válido si se lanza en paralelo (lateralmente) o alejándose de ella.

Participación del jugador que ejecuta el penalti

"El jugador que ejecuta el castigo… no podrá volverlo a jugar hasta después que haya sido tocado o jugado por otro jugador".
Veamos 2 casos:

- El jugador que ejecuta el penalti lo lanza al palo, rebotando hacia el interior del campo. El mismo jugador lo recoge y remata marcando gol.
  – El árbitro deberá anular el tanto y reanudar el juego con un tiro libre indirecto, sancionando al lanzador del penalti por jugar el balón dos veces consecutivas sin que antes lo haya tocado otro jugador.

Penal al palo

- El balón ha sido desviado por el portero, y posteriormente ha rebotado en el palo, volviendo hacia el interior del campo. El mismo jugador lo recoge y tira marcando gol.
  - El árbitro concederá gol, ya que la prohibición de volverlo a jugar desaparece con la intervención del portero.

El penalti, tiro libre directo

"Podrá marcarse tanto directamente de un penal"

- Como hemos comentado anteriormente, debe sancionarse con penalti cualquier acción castigada con tiro libre directo, cuando es cometida por un jugador en su propia área de penal.
- Como tiro libre directo puede lograrse gol, tanto de forma directa como indirecta.

Lanzamiento indirecto del penal

- Esta jugada resulta legal, aunque deban tenerse en cuenta tres aspectos fundamentales para que no sea invalidada:
  - Que el penalti se ejecute hacia adelante.
  - Que en el momento de ejecutarse el compañero que va a recibir el balón está fuera del área
  - Que en el segundo pase si lo hubiese, el rematador no se halle en fuera de juego (esté por detrás del balón).

Penal lanzado fuera de tiempo

- Anteriormente en los "penaltis" ejecutados cuando se había prolongado el tiempo para posibilitar su ejecución, solamente se concedía gol si el balón entraba de forma directa en la portería.

    Sin embargo, actualmente el reglamento especifica:

    "…no se anulará un gol si, antes de pasar entre los postes y bajo el travesaño, el balón toca uno o ambos postes o el travesaño o el guardameta o cualquier combinación de estos factores…"

- Por lo tanto, el gol se concederá siempre que el balón entre en el marco, a excepción de que durante el recorrido del balón, y antes de que traspasara la línea de meta, se cometiera una falta por parte del equipo atacante.

3. REPETICIÓN DEL PENAL

"Si después de efectuar el tiro, el balón fuera detenido en su curso hacia la meta por un cuerpo extraño, el penal sería repetido."

"Si, después de haber dado la señal de ejecución del penal, el árbitro comprueba que el guardameta no se encuentra en la posición ordenada sobre la línea de meta..." "...o mueve sus pies...", ...deberá, a pesar de eso, permitir que siga la jugada. Si el tanto no es marcado, entonces se debe repetir."

"Si, después de que el árbitro haya dado la señal de ejecución de un tiro penal y antes de que el balón esté en juego, un jugador del equipo defensor entra en el área de penal o se acerca a menos de 9,15 mts del punto de penal, el árbitro permitirá, pese a ello, la ejecución, pero repetirá el tiro penal si no se ha obtenido gol."

"Si, después de que el árbitro haya dado la señal de ejecución de un tiro penal y antes de que el balón esté en juego, el guardameta cambia de posición sobre la línea de meta o mueve sus pies y un compañero del que ejecuta el tiro penetra en el área penal o se acerca a menos de 9,15 mts del punto penal, el tiro, si ha sido ejecutado, será repetido."

"Si, después de que el árbitro haya dado la señal de ejecución de un tiro penal y antes de que el balón esté en juego, un jugador de cada equipo penetra en el área penal, o se acercaran a menos de 9,15 mts. del punto penal, el tiro, si hubiera sido ejecutado, será repetido."

4. GOL VÁLIDO

"Si, después de haber dado la señal de ejecución del penal, el árbitro comprueba que el guardameta no se encuentra en la posición ordenada sobre la línea de meta..." "...o mueve sus pies...", "...deberá a pesar de esto permitir que siga la jugada."

• Si el tanto es marcado, concederá gol.

"Si, después de que el árbitro haya dado la señal de ejecución de un tiro penal y antes de que el balón esté en juego, un jugador del equipo defensor entra en el área de penal o se acerca a menos de 9,15 mts del punto de penal, el árbitro permitirá, pese a ello, la ejecución…" concediendo gol si el tanto es marcado.

5. GOL ANULADO Y REPETICIÓN DEL PENAL

"Si, cuando se lanza un tiro penal, el jugador encargado de tirarlo fuera culpable de conducta incorrecta, el tiro si ya ha sido ejecutado debe repetirse si el tanto fue marcado."

"Si, después de que el árbitro dio la señal para ejecutar un tiro penal y antes de que el balón esté en

juego, un compañero del jugador que ejecuta el penal penetra en el área penal o se acerca a menos de 9,15 mts, el árbitro deberá, a pesar de ello, permitir que continúe el juego. Si se marca tanto, éste se anulará y el tiro se repetirá."

6. BALÓN A TIERRA DESPUÉS DE UN LANZAMIENTO DE PENAL

"Si, después de efectuado el tiro, el balón, luego de rebotar en el guardameta, larguero o uno de los postes de meta, fuera detenido en su curso por un cuerpo extraño, el árbitro parará el juego y lo reanudará por medio de un balón a tierra…"

7. PENAL FUERA DE TIEMPO

- En el caso de un penalti lanzado fuera de tiempo, sólo puede ser ejecutado de forma directa a portería.
- Si el balón rebota del portero o de los postes o travesaño, continuará la jugada *"...hasta el momento que el penal haya terminado su efecto, es decir, hasta que el árbitro haya decidido otorgar o no el tanto"*, pudiéndose conceder gol excepto si:
  - el balón *"luego de rebotar en el guardameta, larguero o uno de los postes de meta fuera detenido en su curso por un cuerpo extraño..."*
  - *"...el balón vuelve al juego de rebote del guardameta, del larguero o de uno de los postes de meta y no se ha marcado un gol..."* y *"...un compañero del jugador que ejecuta el penal penetra en el área de penal o se acerca a menos de 9,15 mts...", "después de que el árbitro dio la señal para ejecutar un tiro penal y antes de que el balón esté en juego."*

EJEMPLOS GRÁFICOS COMENTADOS

Gráfico 1:
PENAL COMETIDO POR UN JUGADOR QUE ESTÉ FUERA DE SU ÁREA

• El defensor, aun hallándose fuera de su área de
  penal, alarga el brazo e intercepta el balón
  cuando éste está dentro del área.
  – El árbitro sancionará la acción con penalti, ya
    que independientemente de donde se encuentre
    el jugador, la falta es cometida dentro del área
    (contacto de la mano con el balón).

**Gráfico 2: PENAL
COMETIDO POR UN
JUGADOR DENTRO
DE SU ÁREA**

• Tras el saque de banda, el jugador –1– trata de ir
  en apoyo de su compañero –2–, pero no puede
  ya que ha sido sujetado por el defensor –3–.
  – El árbitro sancionará con penalti, ya que,
    independientemente de donde se encuentra el
    balón, la falta es cometida dentro del área.

- El defensor derriba mediante una zancadilla a un adversario, produciéndose el contacto justo sobre la línea frontal (o laterales) del área de penal.
  - El árbitro concederá penalti, ya que, como vimos en la Regla IX, las líneas del campo
  "...pertenecen a las áreas que delimiten."
  - En consecuencia la falta ha sido cometida dentro del área.

Gráfico 4:
PENAL COMETIDO
"A DISTANCIA"

"Si el guardameta golpea a un adversario lanzándole el balón o empujándolo con el balón mientras lo retiene en sus manos, el árbitro deberá conceder un tiro penal si la falta se produce dentro del área penal"

**Gráfico 5:
PENAL Y GOL
ES GOL**

- En un saque de esquina, el defensor empuja al delantero, quien en su caída logra rematar y marcar gol.
  - Parece lógico pensar que el árbitro conceda gol directamente (en aplicación de la "ley de la ventaja"), sin sancionar el claro penalti que se ha cometido.
  - Sin embargo, con la enorme cantidad de jugadores que pueden estar en ese momento en el área, el árbitro puede dudar de que finalice en gol, sancionando por este motivo la acción con penalti.
  - A partir del instante en que el árbitro hace sonar su silbato, el juego queda detenido, por lo que cualquier consecuencia o acción que sea posterior a ese momento, queda invalidada.

- Por lo tanto, el dicho de "Penalti y gol es gol" únicamente es válido en el supuesto de que el juego no haya sido interrumpido por el árbitro.

Gráfico 6:
LANZAMIENTO DEL PENAL POR UN JUGADOR DIFERENTE AL "IDENTIFICADO"

- Con el fin de engañar al portero, el jugador que "...*debidamente identificado*..." va a lanzar el penalti, retrocede hacia afuera del área (como para coger impulso). En ese momento entra un compañero en el área, ejecutando el lanzamiento.
  – Dado que la infracción (lanza el penalti un jugador distinto al "identificado") es "...*cometida por un jugador del bando atacante que no sea el mismo que lanza el balón*..." (en este caso se interpreta el jugador que se había identificado debidamente) "...*si un tanto es marcado, el tanto se anulará y se tirará de nuevo el penal.*"

**Gráfico 7:
LANZAMIENTO
PRECIPITADO
DE UN PENAL**

- El jugador que ejecute el penalti trata de lanzarlo rápidamente para aprovechar la situación del portero.
  - Esta acción no es válida.

"Cuando el árbitro concede un tiro penal, no dará la señal de ejecutarlo hasta que todos los jugadores se encuentren colocados en posición reglamentaria."

- Por lo tanto, queda implícita la necesidad de que el árbitro dé la señal para que se pueda ejecutar el penalti.
  - En este caso, el lanzamiento debe repetirse.

COMENTARIOS SOBRE LA APLICACIÓN DE LA REGLA Y LAS POSIBILIDADES DE JUEGO QUE OFRECE

- Como hemos visto, el penalti se utiliza, además de como sanción, como elemento para decidir quién es el equipo vencedor en el caso de empate en una eliminatoria.

• Reproducimos a continuación de forma íntegra la normativa que regula todos los aspectos a tener en cuenta en la ejecución de "tandas de penaltys" (Instrucciones Adicionales).

Condiciones bajo las que se deben efectuar los tiros desde el punto penal para determinar cuál de los dos equipos que han participado en un partido con resultado de empate debe ser declarado vencedor en una competición eliminatoria.

(Sorteo reemplazado por tiros ejecutados desde el punto penal)

El International Board, en su sesión del 27 de junio de 1970, aceptó la propuesta de la FIFA de que la práctica del sorteo para decidir el vencedor de un partido con resultado de empate, en una competición eliminatoria, o cual de los dos ha de recibir el Trofeo (si lo hubiera), fuese sustituida por ejecuciones de tiros desde el punto penal, con arreglo a las condiciones siguientes:

1. El árbitro debe escoger la meta frente a la cual se deben ejecutar todos los tiros.

2. Deberá revolear una moneda y aquel equipo cuyo capitán haya ganado el revoleo ejecutará el primer tiro.

3. El árbitro anotará el nombre de cada jugador ejecutante en el momento de lanzar el tiro desde el punto de penal.

4. a) Sujeto a los términos de los siguientes párrafos c) y d), ambos equipos deberán ejecutar cinco tiros.

b) Los tiros deben ejecutarse alternadamente.

c) Si antes de que ambos equipos hayan ejecutado cinco tiros, uno ha marcado más goles que los que el otro pudiera lograr aún completando sus cinco tiros, la ejecución de los mismos debe cesar.

d) Si después de que cada equipo haya ejecutado cinco tiros, ambos han marcado la misma cantidad de goles o no marcaron ninguno, la ejecución de los tiros debe continuar, en el mismo orden, hasta el momento en que cada equipo haya ejecutado nuevamente el mismo número de tiros (no necesariamente cinco tiros más) y que un equipo haya marcado un gol más que el otro.

5. El equipo que marque la mayor cantidad de goles, si el número de tiros ejecutados coincide con los términos del párrafo anterior 4a), 4c) o 4d), se calificará para la vuelta siguiente de la competición o será declarado ganador de la competición, según el caso.

6. a) Con excepción de lo estipulado en el siguiente párrafo b), sólo los jugadores que se encuentren en el campo de juego al final del partido, lo que significaría al final del tiempo suplementario, tratándose de un partido en el cual el tiempo suplementario está autorizado, y todo aquel que habiendo abandonado el campo temporalmente, con o sin autorización del árbitro, no se encuentre en el campo de juego en ese momento, tomarán parte en la ejecución de los tiros.

b) Siempre que su equipo no haya utilizado el número máximo de suplentes permitidos por el reglamento de la competición bajo el cual se disputa el partido, un guardameta que sufre una lesión durante la ejecución de los tiros y quien, a causa de la lesión, está imposibilitado de continuar como guardameta, puede ser sustituido por un suplente.

7. Cada tiro debe ser ejecutado por un jugador diferente y hasta que todos los jugadores elegibles de cada equipo, incluyendo al guardameta o al sustituto nombrado por quien fue reemplazado de acuerdo a los términos del párrafo 6 según sea el caso, no hayan ejecutado cada uno un tiro, un jugador del mismo equipo no podrá ejecutar un segundo tiro.

8. Sujeto a los términos del párrafo 6, cualquier jugador elegible puede cambiar de puesto con su guardameta en todo momento durante la ejecución de los tiros.

9. a) Fuera del jugador que esté ejecutando el tiro desde el punto penal y de los dos guardametas, todos los jugadores deben permanecer en el interior del círculo del centro durante la ejecución de los tiros.

b) El guardameta que es compañero del tirador, deberá situarse en el campo de juego, fuera del área penal en la cual se están ejecutando los tiros, detrás de la línea que corre paralela a la línea de meta y a no menos de 9,15 m del punto penal.

c) Se recordará al guardameta que deberá mantener su posición en la línea de meta entre los postes hasta que el balón esté en juego.

10. A menos que se manifieste lo contrario en los párrafos anteriores 1 a 9, las Reglas de Juego y las respectivas Decisiones del International Board se aplicarán, siempre que se pueda, en la ejecución de los tiros.

N.B:

En caso de que falte luz antes de finalizar con la ejecución de los tiros del punto penal, el resultado deberá decidirse por revoleo de una moneda o por sorteo.

LISTA DE CHEQUEO PARA ÁRBITROS

1. Decidir de qué parte se ejecutarán los tiros. Ésta puede ser una decisión muy importante si los aficionados de un equipo se encuentran detrás de una de las metas y, los del otro equipo, detrás de la meta adversaria.

2. El equipo que gana el revoleo de la moneda deberá ejecutar el primer tiro.

3. Antes de comenzar con los tiros, asegurarse de que todos los funcionarios oficiales de los equipos, etc., hayan abandonado el terreno de juego y que sólo estén presentes los jugadores.

4. Asegurarse de que todos los jugadores, aparte del que debe ejecutar el tiro y los dos guardametas, se encuentren en el círculo central.

5. Asegurarse de que el guardameta del equipo del jugador que lanza el penal se encuentre fuera del área de rigor, en la posición indicada en el gráfico.

6. Se aplicarán las Reglas de Juego, principalmente la Regla XIV "Penal", excepto en los casos modificados por las instrucciones sobre la ejecución de tiros desde el punto penal. Sea, por lo tanto, particularmente atento a las maniobras de infracción del guardameta, por ejemplo, que se mueva antes del lanzamiento del balón.

7. Lleve una cuenta minuciosa de los tiros lanzados.

8. Si cuenta con la asistencia de jueces de línea neutrales, éstos deberán asumir algunas tareas como, por ejemplo, uno organizará en el círculo central a los jugadores que lanzarán el penal y, el otro asistirá en los tiros indicando si el balón ha traspasado la línea de meta.

9. Es muy importante que el árbitro organice correctamente el lanzamiento de los tiros desde el punto penal. Asegúrese de que entiende completamente las instrucciones.

10. La ejecución de tiros desde el punto penal no forma nunca parte de un partido propiamente dicho. Es solamente un método para decidir al ganador.

11. Si, durante la ejecución de tiros desde el punto penal, ocurre un cortocircuito y no hay iluminación, el resultado deberá decidirse echando la suerte con una moneda o por sorteo.

12. Un jugador lesionado puede ser dispensado de la ejecución de tiros desde el punto penal.

13. Cada equipo es responsable de elegir a los jugadores que lanzarán los penales. La labor del árbitro será únicamente asegurar que los tiros sean correctamente ejecutados.

14. Si todos los jugadores de un equipo han lanzado un tiro desde el punto penal, no es necesario que se atengan al mismo orden de tiro que en la primera serie para lanzar su segundo penal.

15. Si un jugador que ha sido amonestado vuelve a cometer una infracción amonestable durante la ejecución de los tiros desde el punto penal, deberá ser expulsado.

16. Si ocurre un cortocircuito en el estadio después del tiempo suplementario, pero antes del inicio de los tiros desde el punto penal y la iluminación no puede ser restablecida en un tiempo razonable, el árbitro decidirá el partido echando la suerte con una moneda o por sorteo.

17. Un sustituto que no ha participado en el partido, incluyendo el tiempo suplementario (en caso de haberlo), no podrá tomar parte en los tiros desde el punto penal, excepto para sustituir a un guardameta lesionado.

18. Después que cada equipo haya lanzado diez tiros desde el punto penal, un equipo que haya perdido un jugador por expulsión podrá emplear a uno que ya hubiera lanzado un penal para ejecutar el 11º tiro.

19. Si al término del partido algunos jugadores abandonan el terreno de juego y no retornan para ejecutar los tiros desde el punto penal –sin estar lesionados–, el árbitro no permitirá que se lancen los tiros y comunicará el incidente a las autoridades competentes.

20. Si, durante la ejecución de tiros desde el punto penal o durante la prolongación del tiempo

reglamentario de juego para permitir que se lance un penal, el balón rebota de un poste o del travesaño, golpea al guardameta y entra en la meta, se concederá gol.

CONSIDERACIONES A NIVEL OFENSIVO

- El equipo debe procurar disponer de uno o dos jugadores responsables de la ejecución de los penaltis (especialistas).
- Estos jugadores deben reunir, básicamente, las siguientes características:
  - Gran capacidad para soportar situaciones de presión ("sangre fría", tranquilidad).
  - Gran seguridad en la ejecución del penalti.
  - Capacidad para dominar al menos dos tipos de tiro. De esta forma, se puede sorprender al guardameta que sea conocedor de las características del lanzador, y/o en el supuesto de que no exista más de un especialista.
- Muchos goles han sido conseguidos, no directamente del penalti, sino al recoger un compañero del lanzador el rebote del balón en un poste o en el portero.
  Por esta razón, resulta importante, la correcta colocación de los compañeros del lanzador, así como su concentración y predisposición para lograr una rápida intervención si fuera necesaria.
- Es igualmente importante no descuidar la vigilancia ofensiva sobre los delanteros contrarios por parte del equipo que ejecuta el penalti, evitando de esta forma un posible contraataque en el caso de rechace o despeje del balón.
- Muchos de los jugadores, antes de lanzar el penalti realizan una especie de "rito" al colocar el balón en determinada posición, al manipularlo, para tomar carrera, etc. Esto puede ser un medio de concentración del ejecutante y/o una forma de intentar desviar la atención del portero.

REGLA XV Saque de banda

Cuando el balón en su totalidad haya traspasado la línea de banda, ya sea por tierra o por aire, será puesto nuevamente en juego lanzándolo al interior del campo en cualquier dirección, desde el punto por el que franqueó la línea, por un jugador del equipo contrario al del que tocó el balón en último lugar. El jugador que hace el saque, en el momento de lanzar el balón, deberá dar frente al campo de juego y tener una parte cualquiera de cada pie sobre la línea de banda o al exterior de esta línea. Deberá lanzar el balón de detrás, por encima de su cabeza, y servirse para ello de las dos manos. Estará en juego el balón tan pronto como haya penetrado en el campo de juego, pero no podrá ser vuelto a jugar por el jugador que hizo el saque hasta que otro jugador lo haya tocado o jugado.

No podrá ganarse un tanto directamente de un saque de banda.

Sanción:

a) Si el saque de banda no ha sido llevado a cabo regularmente, será efectuado de nuevo por un jugador del equipo contrario.

b) Si el jugador que hizo el saque vuelve a jugar el balón antes de que éste haya sido tocado o jugado por otro, se concederá un tiro libre indirecto a favor del equipo contrario en el sitio en que se cometió la falta, sujeto a las condiciones predominantes impuestas por la Regla XIII.

DECISIONES DEL INTERNATIONAL BOARD

1. Si un jugador que hizo el saque de banda, juega el balón una segunda vez con la mano y dentro del campo de juego, antes que haya sido tocado o jugado por otro jugador, el árbitro concederá tiro libre directo.

2. Un jugador que efectúa el saque de banda debe dar cara al terreno con una parte de su cuerpo.

3. Si al ejecutar un saque de banda, uno de los adversarios baila o gesticula con la intención de distraer o estorbar al ejecutor, se considerará conducta incorrecta, por la que el (los) ofensor(es) será(n) amonestado(s).

4. Un saque de banda hecho desde otra posición que no sea el punto donde el balón pasó la línea de banda será considerado como un saque de banda incorrecto.

INSTRUCCIONES ADICIONALES DE LA REGLA DE JUEGO

18. Saque de banda

El saque de banda no deberá ser ejecutado desde una distancia de más de un metro de la línea de banda. No está permitido que un jugador se coloque directamente delante del jugador que lanza el saque de banda con la intención de molestarlo.

OBJETIVO Y CONSIDERACIONES DE LA REGLA

El saque de banda es la forma de reanudar el juego cuando el balón sale del campo por las líneas laterales (líneas de banda).

Debemos recordar que en un saque de banda no existe posibilidad de estar en fuera de juego. Este aspecto resulta importante para que los equipos, en sus planteamientos estratégicos, puedan aprovecharse de esta circunstancia situando a sus delanteros en posiciones ventajosas en el momento del saque.

La regla detalla con claridad cuál es la forma adecuada de realizar el saque.

También delimita las circunstancias que harán que un saque de banda se considere incorrecto.

Debemos decir que este saque es la única acción en la que el reglamento permite que el jugador juegue de forma legal el balón con las manos,

además del portero. Este aspecto posibilita una gran precisión y, por lo tanto, una ventaja para el equipo que realiza el saque.

Por otro lado, observamos que el saque con la mano permite una fácil y rápida ejecución (evitándose de esta forma pérdidas de tiempo innecesarias), ya que si se realizara con los pies, se retardaría la puesta en juego del balón de forma considerable, debido a la necesidad de controlar la distancia a la que se deberían situar los contrarios.

Aun así, los jugadores aprovechan los saques de banda para perder tiempo si esto les beneficia. Es por ello que el reglamento contempla disposiciones para evitar este hecho.

Es importante remarcar que durante el tiempo que transcurre desde que el balón sale fuera de banda hasta que se realiza el saque, el balón está fuera del juego, por lo que sólo se podrá sancionar disciplinariamente (amonestación o expulsión), a los jugadores que cometan alguna infracción. El juego deberá reanudarse mediante el saque de banda previsto con anterioridad.

1. BALÓN FUERA DEL JUEGO AL SALIR POR LAS LÍNEAS DE BANDA

El balón ha superado completamente la línea lateral.

El jugador controla el balón con el pecho. Sin embargo, el balón salió con anterioridad del campo por el aire.

"Cuando el balón en su totalidad *haya traspasado la línea de banda, ya sea por tierra o por aire..."*

- Por lo tanto, sólo se realizará un saque de banda cuando el balón haya salido por una línea de banda (laterales), siendo necesario para ello que el balón la traspase totalmente.

– En el ejemplo del dibujo, en el que un jugador conduce el balón por encima de la línea, adentrándose posteriormente hacia el interior del terreno, no se podrá considerar en ningún caso fuera de banda.

2. EJECUCIÓN DEL SAQUE DE BANDA

"... el balón... será puesto nuevamente en juego lanzándolo al interior del campo..."

"Lanzar" el balón

• Se considerará ejecución defectuosa si el jugador "deja caer" el balón hacia el interior del campo en lugar de "lanzarlo".

Saque incorrecto.

"... lanzándolo al interior del campo en cualquier dirección..."

Dirección del saque de banda

- El jugador que realiza el saque *"...deberá dar frente al campo de juego......"*, es decir, no podrá colocarse de espaldas ni de lado.
  Desde esta posición puede dirigir el lanzamiento hacia cualquier zona del campo.
- Para lanzar el balón hacia la derecha o la izquierda, podrá ladear ligeramente el cuerpo.

Posición de los pies

"El jugador que hace el saque deberá... tener una parte cualquiera de cada pie sobre la línea de banda, o al exterior de esta línea."

El jugador, al efectuar el saque, deberá tener en cuenta que:

- *Debe apoyar los dos pies, o parte de ambos, en el suelo en el momento de realizar el saque.*

Saque correcto

Saque incorrecto

- Los pies pueden estar apoyados sobre la línea de banda o en el exterior del campo.

– Para este segundo caso, en las Instrucciones Adicionales se especifica:

"El saque de banda no deberá ser ejecutado desde una distancia de más de un metro de la línea de banda."

• El reglamento no delimita la separación que debe existir entre los pies. Por lo tanto, se entiende que el jugador puede colocarlos de la forma que le

Pies separados

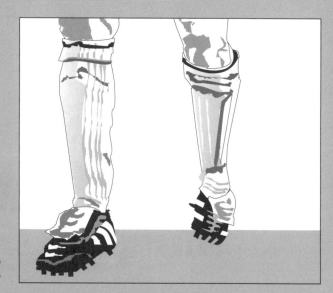

*Un pie adelantado
en relación al otro*

resulte más eficaz para realizar el saque (potencia o precisión).

Con carrera previa

Pies juntos

Movimiento de los brazos

"*Deberá lanzar el balón de detrás , por encima de su cabeza, y servirse para ello de las dos manos.*"

Saque correcto

Saque incorrecto

Saque incorrecto

3. LUGAR DE EJECUCIÓN DEL SAQUE DE BANDA

"... el balón será puesto nuevamente en juego... desde el punto por el que franqueó la línea, por un jugador del equipo contrario al del que tocó el balón en último lugar."

- La regla en este aspecto es taxativa:

"Un saque de hecho desde otra posición que no sea el punto donde el balón pasó la línea de banda *será considerado como un saque de banda incorrecto.*"

- Igualmente contempla que:

"Si el saque de banda no ha sido llevado a cabo regularmente, será efectuado de nuevo por un jugador del equipo contrario."

- El Comité Técnico de Árbitros, para evitar pérdidas de tiempo (repeticiones de saque o rectificaciones del árbitro) nos detalla:

"Si el jugador favorecido con el saque, lo hace... desde lugar no acorde con el punto de salida (un metro más o menos)..." "hay que concederle el saque al otro equipo, sin correcciones ni advertencias"[33]

De esta forma, el árbitro señalará con su brazo el lugar por donde debe efectuarse el saque, y en ningún caso advertirá ni corregirá al ejecutante sobre una posible posición incorrecta.

4. BALÓN EN JUEGO

"Estará en juego el balón tan pronto como haya penetrado en el campo de juego, pero no podrá ser vuelto a jugar por el jugador que hizo el saque hasta que otro jugador lo haya tocado o jugado."

- Puede ocurrir que el jugador realice un saque en dirección paralela a la línea de banda, y que el balón vuelva a salir del terreno antes de ser tocado por otro jugador.

- El balón ha sido puesto en juego correctamente, ya que ha penetrado en el campo (línea de banda). El nuevo saque de banda deberá ser

---

[33] *Op. cit.* (10). Pág. 63.

ejecutado "...por un jugador del equipo contrario al del que tocó el balón en último lugar."

5. GOL DIRECTO DE SAQUE DE BANDA

"No podrá ganarse un tanto directamente de un saque de banda."

- Un jugador de gran potencia en el saque de banda intenta colocar el balón dentro del área para que un compañero lo remate. Por efecto del viento, el balón entra directamente en la portería contraria.
  - El árbitro reanudará el juego con un saque de meta.
  - Si el balón se introduce en la propia portería, el juego será reanudado mediante un saque de esquina.

6. OPOSICIÓN ANTE UN SAQUE DE BANDA

"Si al ejecutar un saque de banda uno de los adversarios baila o gesticula con la intención de distraer o estorbar al ejecutor, se considerará conducta incorrecta."

- En las Instrucciones Adicionales se amplía este concepto de forma que
"No está permitido que un jugador se coloque directamente delante del jugador que lanza el saque de banda con la intención de molestarlo."

EJEMPLOS GRÁFICOS COMENTADOS

**Gráfico 1:
POSICIÓN DE
FUERA DE JUEGO
EN UN SAQUE
DE BANDA**

- El equipo defensor se mantiene en línea para provocar el fuera de juego de los atacantes. Un instante antes de que se ejecute el saque, el atacante -2- se adelanta a la defensa situándose en carrera en el campo contrario.
  - Si bien el jugador -2- se halla en una teórica posición de fuera de juego, ésta desaparece, ya que el balón proviene de un saque de banda.

- El jugador que efectúa el saque pasa el balón a su compañero -3- dada la distancia existente hasta la posición de su delantero.
  En ese instante, el jugador -2-, antes de que el poseedor del balón -3- se lo pase, se adelanta a la defensa, situándose en carrera en campo contrario.
  - Cuando se efectúa el pase de -3- sobre -2-, el árbitro deberá sancionar la posición de fuera de juego de este último, ya que en este caso el balón no procede directamente de un saque de banda (2ª jugada).

- El equipo del portero está perdiendo a pocos minutos del final del partido. El equipo contrario realiza un lanzamiento fuera del campo con el fin de perder tiempo.
  En lugar de esperar a que un defensa baje a ejecutar el saque de banda, el portero, para ganar tiempo, sale de su área y lo realiza él mismo.

  – El saque será válido ya que puede ser realizado por cualquier jugador del equipo.

Gráfico 3:
INFRACCIÓN DEL
JUGADOR QUE HA
EFECTUADO EL
SAQUE DE BANDA,
UNA VEZ EL
BALÓN HA SIDO
PUESTO EN JUEGO

- El jugador 1 lanza el saque de banda sobre su compañero 2, quien instantes antes, al iniciar un desmarque, ha quedado sin posibilidad de hacerse con el balón. Ante el peligro de que sea el jugador contrario el que se haga con el balón, 1, de forma simultánea, toca el balón y empuja a su adversario.

REGLA XV: SAQUE DE BANDA **337**

En este caso existen 2 faltas cometidas por 1:
– Toca el balón después de haber efectuado el saque sin que otro jugador lo haya hecho antes (libre indirecto).
– Empuja al contrario (libre directo).

• El árbitro debe sancionar la segunda por ser la infracción más grave de las que se ha cometido.

Gráfico 4:
FUNCIÓN DEL JUEZ DE LÍNEA EN EL SAQUE DE BANDA

"Se designarán dos jueces de línea que tendrán la misión de indicar, a reserva de lo que decida el árbitro,

a) *cuando el balón está fuera del juego;*
b) *a qué bando corresponde efectuar los saques de... banda..."*

• Por lo tanto, el propio reglamento expresa la importancia de la participación del juez de línea a la hora de que se pueda apreciar y señalizar con precisión el saque de banda. Ello es debido a la

gran dificultad que supone una correcta apreciación de esta situación por parte del árbitro.

- Cuando un jugador va a realizar un saque de banda, debe asegurarse de que está situado en el lugar que el árbitro está indicando. En el caso de que el árbitro no lo esté señalizando, podrá solicitar su conformidad sobre la exactitud de su posición para efectuar el saque.

- Es difícil establecer estrategias o movimientos previstos para sacar provecho directo del saque de banda, puesto que el balón en ese momento se encuentra excesivamente lejos de la zona de definición.

REGLA XV: SAQUE DE BANDA | **339**

Aun así, el equipo debe tener 3 ó 4 jugadas y movimientos ensayados (diferenciando la zona del campo donde se realiza), con el fin de:
– Dejar el balón en situación de ventaja para iniciar la acción ofensiva.
– Evitar la pérdida del balón en el control.

- Cuando el saque de banda se realiza a la altura del área de penal del equipo contrario, si se dispone de un especialista con suficiente potencia, el lanzamiento puede ser aprovechado para realizar una acción de estrategia directa, similar a un saque de esquina.

- Cuando en una lucha entre 2 jugadores el balón sale fuera, en muchas ocasiones es casi imposible que el árbitro y/o el juez de línea puedan determinar cuál fue el último jugador que tocó el balón.
  Es frecuente que en esta situación el jugador "listo", conocedor de la duda del árbitro, se apodere inmediatamente del balón y rápidamente, aparentando máxima seguridad de que el saque le corresponde a él, realice el saque de banda.
- Este jugador "facilita" la decisión del árbitro, quien, ante la situación de no saber a quién corresponde el saque, habitualmente da validez a esta acción.
- Dado que el jugador no se detiene en estos casos a solicitar al árbitro el punto exacto de ejecución, es importante que lo haga desde el lugar correspondiente.

REGLA XVI

Saque de meta

Cuando el balón en su totalidad haya traspasado la línea de meta, excluida la parte comprendida entre los postes del marco, ya sea por tierra o por aire, habiendo sido jugado en último término por un jugador del equipo atacante, se colocará en un punto cualquiera del área de meta y será lanzado con el pie directamente al juego más allá del área penal, por un jugador del equipo defensor, el cual no podrá volver a jugar el balón antes de que otro lo haya tocado o jugado. El guardameta no puede recibir en sus manos el balón en un saque de meta para lanzarlo al juego. Si no llega el balón más allá del área penal, es decir, directamente al juego, se hará de nuevo el saque. No podrá ganarse un tanto directamente de un saque de meta. Los jugadores del equipo contrario al jugador que va a ejecutar el saque de meta deberán quedarse fuera del área penal hasta que el balón haya sido lanzado más allá de esta área.

Sanción:

Si el jugador que ha hecho el saque de meta juega el balón por segunda vez más allá del área penal antes de que lo haya tocado o jugado otro jugador, se concederá un tiro libre indirecto al equipo contrario en el sitio en que se cometió la infracción, sujeto a las condiciones predominantes impuestas en la Regla XIII.

DECISIONES DEL INTERNATIONAL BOARD

1. Si en un saque de meta, el jugador que ha efectuado la jugada toca el balón por segunda vez sin que éste haya salido del área penal, se repetirá el saque al no haber sido puesto en juego el balón de acuerdo con lo dispuesto por la Regla.

El saque de meta es la forma en que debe reanudarse el juego cuando el balón ha salido del terreno por la línea de meta, excluida la portería, tocado en último lugar por un jugador atacante.

Anteriormente, el saque de meta debía realizarse en cualquier punto de la mitad del área de meta del lado por el que había salido el balón. Como hemos visto, este aspecto ha sido modificado, pudiéndose efectuar desde cualquier punto del área de meta.

Resulta importante especializar a los porteros para que sean ellos los que realicen el saque. De esta forma:

– Dispondremos de más jugadores para controlar el balón en la zona a donde se dirija.
– En el saque en corto dispondremos de toda la línea defensiva para iniciar el juego ofensivo.
– En el saque en largo, con el adelantamiento de nuestra línea defensiva, obligaremos a retroceder a los delanteros contrarios. Si el saque lo realiza un defensor, éste evitará el fuera de juego.

Recordemos que en un saque de meta no existe fuera de juego, por lo que, en el supuesto de que el equipo contrario realice una fuerte presión en medio campo, con un saque largo podremos superar la línea defensiva contraria, sin el riesgo de caer en fuera de juego.

El saque de meta es una de las formas más frecuentes en que se inicia el ataque de un equipo. Sin embargo, habitualmente, se realiza sin ningún control en su ejecución, provocando innumerables pérdidas del balón, sobre todo en las acciones de saques largos.

Por esta razón, es importante el entrenamiento específico de diferentes tipos de saque de meta, de forma que se consigan la precisión y potencia óptimas, provocando la correcta orientación del juego hacia la zona y el jugador más adecuado.

Así, incidiremos desde el momento del saque en el éxito final del ataque.

Saque de meta.
Posición correcta

Saque de portero.
Posición sancionada
con fuera de juego

Es importante no confundir el *"saque de meta"* ("de portería"), que tiene unas limitaciones establecidas en el el reglamento (no se puede marcar gol directamente, no existe fuera de juego, etc.), con el *"saque de portero"*, que al ser una acción que se produce estando el balón en juego, no está sujeto a lo establecido para el saque de meta.

ANÁLISIS COMENTADO DE LOS ASPECTOS RELEVANTES DE LA REGLA Y SUS CONSECUENCIAS PRÁCTICAS

1. BALÓN FUERA DEL JUEGO AL SALIR POR LA LÍNEA DE META

"Cuando el balón en su totalidad haya traspasado la línea de meta, excluida la parte correspondiente entre los postes del marco, ya sea por tierra o por aire, habiendo sido jugado en último término por un jugador atacante..."

- Por lo tanto, cuando el balón sale por la "línea de fondo", tocado por un atacante se concederá:
  - Gol, cuando el balón traspase la línea de meta por la portería (siempre que la jugada no estuviera precedida de infracción).
  - Saque de meta, cuando el balón sale totalmente por cualquier otra parte de la línea de meta, tanto si lo hace por el aire como por tierra.

2. BALÓN EN JUEGO DE UN SAQUE DE META

"... se colocará en un punto cualquiera del área de meta y será lanzado con el pie, directamente al juego más allá del área penal, por un jugador del equipo defensor..."

- El balón no está en juego hasta que haya traspasado totalmente la línea que delimita el área de penal.
  Por lo tanto:
- Cualquier infracción cometida mientras el balón aún esté en el área de penal, sólo podrá castigarse disciplinariamente.

- Después de efectuado el saque por parte del portero, y mientras el balón aún se encuentra en el interior del área, el defensor nº 2 sujeta al atacante nº 5 para evitar que éste se haga con el balón.

- El árbitro detendrá el juego, sancionando con tarjeta al defensor, y reanudándolo con la repetición del saque de meta, ya que el balón no estaba en juego en el momento en que se produjo la falta.
- Si el balón, por cualquier motivo (existencia de charcos de agua, golpeo defectuoso por parte del portero, etc.), se detiene antes de salir del área de penal, el árbitro ordenará la repetición del saque.

- Al no poder tocar el balón ningún jugador antes de que salga del área de penal, no existe otra solución para continuar con el juego que la repetición del saque.

"Si el balón no llegó más allá del área penal, es decir, directamente al juego, se hará de nuevo el saque."

- "Los jugadores del equipo contrario al jugador que va a ejecutar el saque de meta deberán quedarse fuera del área penal *hasta que el balón haya sido lanzado más allá de esta área."* La regla, por lo tanto, no impide la entrada en el área de los compañeros del jugador que realiza el saque.

• Una vez efectuado el saque, ningún jugador podrá tocar el balón hasta que salga fuera del área de penal.

– El defensor, para evitar que el contrario se haga con el balón se anticipa, tocándolo antes de que salga del área de penal.

Al no haber salido totalmente el balón del área de penal, se considera que el balón no está en juego, por lo que no se podrá sancionar con falta esta acción, debiéndose reanudar el juego con la repetición del saque.

• *"Si... el jugador que ha efectuado la jugada toca el balón por segunda vez sin que éste haya salido del área penal, se repetirá el saque al no haber sido puesto en juego el balón de acuerdo con lo dispuesto por la regla."*

• El portero, que ha realizado el saque con poca potencia, para evitar que lo recupere el delantero, lo toca de nuevo para despejarlo.

– El saque de meta *"...será lanzado con el pie... por un jugador del equipo defensor, el cual no podrá volver a jugar el balón antes de que otro lo haya tocado o jugado."*

Si bien esta acción está castigada por la regla con un tiro libre indirecto, en este caso no se puede sancionar, ya que al ser tocado el balón por segunda vez dentro del área, aún no estaba en juego.

El juego deberá reanudarse con la repetición del saque.

3. GOL DIRECTO DE SAQUE DE META

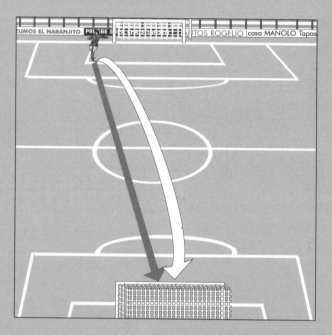

"No podrá ganarse un tanto directamente de un saque de meta"

EJEMPLOS GRÁFICOS COMENTADOS

Gráfico 1: SAQUE DE META A LAS MANOS DEL PORTERO

"El guardameta no puede recibir en sus manos el balón en un saque de meta para lanzarlo al juego".

- Es obvio ya que:

  – Ningún jugador puede tocar el balón antes de que salga del área de penal (donde el portero podría jugarlo con las manos).

    – Cuando sale del área, el portero tampoco puede recibir el balón con las manos, ya que cometería falta.

- Tampoco cabe la posibilidad de que el guardameta reciba el balón con los pies fuera del área y la conduzca hasta penetrar en ella, jugándolo entonces con las manos.
- Esta acción debe sancionarse con tiro libre indirecto en el punto en que el portero haya jugado el balón con las manos, ya que se considerará CESIÓN.

**Gráfico 2:
JUEGO DE APOYO
POR EL PORTERO
EN EL SAQUE
DE META**

- Ya hemos visto que el saque de meta en corto es la forma más adecuada de iniciar con éxito el juego ofensivo de un equipo. El portero, una vez puesto en juego el balón, debe ofrecerse como apoyo de emergencia a sus compañeros, con el fin de evitar la pérdida del mismo y reorientar el juego si fuera necesario hacia un compañero que no esté recibiendo la presión del contrario.
- Para que la acción del portero resulte válida, no debe jugar el balón con las manos, tanto si lo juega dentro como fuera del área.

COMENTARIOS SOBRE LA APLICACIÓN DE LA REGLA Y LAS POSIBILIDADES DE JUEGO QUE OFRECE

- Para asegurar el control del balón es preciso jugar en corto desde la línea defensiva. Esto, a veces, no es posible, debido a:
  - El nivel de calidad de los defensas del equipo.
  - La presión de los puntas contrarios sobre los defensas.

- El mal estado del terreno de juego, que dificulta un correcto desplazamiento del balón.
- Disponer de un sistema de juego basado en acciones y desplazamientos "en largo".

• Si por cualquiera de estos motivos iniciamos el juego "en largo", debemos tener en cuenta la necesidad de:
- Perfeccionar al especialista de este saque para conseguir una alta precisión y potencia.
- Mantener en la zona prevista de recepción una superioridad numérica que garantice el control del balón.
- Disponer de jugadores en la zona de recepción con un nivel de habilidad suficiente para realizar un correcto control y protección de los balones aéreos.
- Concretar las acciones y movimientos tácticos ofensivos a utilizar en estas situaciones.

• Dado el riesgo de pérdida de balón que provoca el saque en largo, resulta necesario que la línea defensiva del equipo que realiza el saque esté atenta (vigilancia ofensiva), ante los posibles despejes y/o contraataques del contrario.

• El viento aparece como un factor determinante a la hora de escoger entre utilizar el saque "en corto" o "en largo":
- El viento a favor posibilita alcanzar directamente del saque de meta la zona de definición, llevando así muy rápidamente el peligro sobre la meta contraria.
  En el caso de que perdamos el balón, no comporta gran riesgo para nuestro marco, pudiendo aún recuperarlo en zonas adelantadas.
- El viento en contra obliga a jugar el balón raseado, ya que de lo contrario el balón suele ser frenado, e incluso vuelto a nuestras zonas defensivas.

Saque de esquina

Cuando el balón en su totalidad haya traspasado la línea de meta, excluida la parte comprendida entre los postes de marco, ya sea por tierra o por aire, habiendo sido jugado en último término por un jugador del equipo defensor, se concederá un saque de esquina, que será lanzado por un jugador del equipo atacante así: todo el balón debe ser colocado en el interior del cuarto de círculo correspondiente a la banderola de esquina más cercana al sitio por dónde salió el balón, banderola que no podrá ser trasladada, y es de este lugar de donde será lanzado el balón. Podrá ganarse un tanto directamente de un saque de esquina. Los jugadores del equipo contrario al que ejecuta un saque de esquina no podrán colocarse a distancia menor de 9,15 mts. del balón antes de que éste esté en juego, es decir, antes de que haya recorrido una distancia igual a su circunferencia, y el jugador que ha hecho el saque no podrá jugar de nuevo el balón si no después que éste haya sido tocado o jugado por otro jugador.

Castigo:

a) Si el jugador que lanza el tiro jugara el balón por segunda vez antes de que hubiera sido tocado o jugado por otro jugador, el árbitro concederá al equipo contrario un tiro libre indirecto que se ejecutará desde el lugar donde se cometiera la infracción, sujeto a las condiciones predominantes impuestas en la Regla XIII.

b) Por cualquier otra infracción se repetirá el saque.

El saque de esquina es la forma en que se reanuda el juego cuando el balón ha salido del terreno por la línea de meta, excluida la portería, tocado en último lugar por un jugador defensor.

Recordamos que en un saque de esquina no existe fuera de juego. Por lo tanto, cualquier jugador del equipo atacante podrá colocarse en la posición que desee sin ninguna limitación por este aspecto.

Debemos tener en cuenta, sin embargo, que esta posibilidad se refiere exclusivamente en la "primera jugada".

El saque de esquina permite al equipo atacante colocar el balón directamente en zona de remate, siendo, además, una acción que se produce de forma frecuente durante el desarrollo de un partido.

Por esta razón, resulta básico que un equipo disponga de acciones de estrategia, que permitan obtener la máxima eficacia de estos lanzamientos.

Existen equipos que basan gran parte de su poder ofensivo en acciones a balón parado, siendo el saque de esquina una de las más efectivas.

"Los jugadores del equipo contrario al que se ejecuta un saque de esquina no podrán colocarse a distancia menor de 9,15 mts. del balón antes de que éste esté en juego…"

Para facilitar la labor del árbitro de mantener a los jugadores contrarios a esta distancia respecto del balón, se permite marcar fuera del terreno de juego unas señales distanciadas 9,15 m del arco de circunferencia de esquina.

ANÁLISIS COMENTADO DE LOS ASPECTOS RELEVANTES DE LA REGLA Y SUS CONSECUENCIAS PRÁCTICAS

1. BALÓN FUERA DEL JUEGO AL SALIR POR LA LÍNEA DE META TOCADO POR UN DEFENSOR

"Cuando el balón en su totalidad haya traspasado la línea de meta, excluida la parte comprendida entre los postes del marco, ya sea por tierra o por aire, habiendo sido jugado en último

término por un jugador del equipo defensor, se concederá un saque de esquina, que será lanzado por un jugador del equipo atacante…"

- Vemos que la situación expuesta es idéntica a la del saque de meta, con la única variante de que el último jugador en tocar el balón es un defensor.

2. CORRECTA COLOCACIÓN DEL BALÓN EN EL SAQUE DE ESQUINA

Posición correcta

"...todo el balón deberá ser colocado en el interior del cuarto de círculo..."

• Para que el saque sea válido, ninguna parte del balón podrá sobrepasar la línea del área de esquina.

Posición incorrecta

3. LADO DESDE DONDE SE EFECTÚA EL SAQUE DE ESQUINA

"...el balón debe ser colocado en el interior del cuarto de círculo correspondiente a la banderola de esquina más cercana al sitio por donde salió el balón."

4. COLOCACIÓN DE LA BANDEROLA DE ESQUINA

"...banderola que no podrá ser trasladada..."

- Pudiera ocurrir que en algún campo, existiendo poco espacio para tomar carrera para ejecutar el saque de esquina, la banderola dificultara la acción del lanzador. A pesar de ello, en ningún caso está permitido retirarla, por lo que el jugador deberá adaptarse a las circunstancias que ofrece el campo.

5. GOL DIRECTO DE SAQUE DE ESQUINA

"Podrá ganarse un tanto directamente de un saque de esquina."

- El jugador que efectúa el saque de esquina podrá:

    – Marcar gol de forma directa.
    – Lanzar o jugar el balón a sus compañeros.

- Sin embargo, en ningún caso *"...podrá jugar de nuevo el balón sino después que éste haya sido tocado o jugado por otro jugador."*

Gráfico 1:
BALÓN EN JUEGO

- El balón se encontrará en juego cuando *"…haya recorrido una distancia igual a su circunferencia,…"*
  – En el caso del gráfico, tras la ejecución del saque de esquina, cuando el balón ya se hallaba en juego, y antes de producirse el remate, traspasó la línea de meta.
  Por lo tanto, el gol no será válido, reanudándose el juego con un saque de meta.

Gráfico 2: TIPO DE LANZAMIENTO

Saque directo a zona de remate

Saque "en corto"

Saque al "primer palo" (prolongación)

COMENTARIOS SOBRE LA APLICACIÓN DE LA REGLA Y LAS POSIBILIDADES DE JUEGO QUE OFRECE

Hemos visto anteriormente la importancia que tiene aprovechar las acciones de estrategia en los saques de esquina, en relación al resultado final del partido.

Veamos ahora algunos de los aspectos que deben ser tenidos en cuenta en estas acciones.

ASPECTOS OFENSIVOS

Disponibilidad de especialistas:

- Lanzadores
- Rematadores

Acciones y movimientos sistematizados
Zonas a ocupar

- Frontal del área
- 1er palo

- 2º palo
- Zona "del portero"
- Zonas de remate
- Zonas de rechaces

Predisposición, anticipación y rapidez de ejecución

ASPECTOS DEFENSIVOS

Disposición defensiva (tipo de marcaje)

Zonas de remate a cubrir.

Zonas de rechace a cubrir.

Posición del portero.

Posiciones específicas:
- Protección de el/los palo/s
- Protección de los lanzamientos cerrados y del juego en corto.

Conocimiento de las acciones del equipo contrario.

De la competición

Detallamos en este capítulo los aspectos que inciden en el desarrollo de la competición, y que por su carácter son interesantes de conocer, como complemento de las Reglas de Juego.

Los contenidos están extraídos literalmente del libro XVII del Reglamento General de la Real Federación Española de Fútbol, y de los Estatutos y Reglamento Orgánico de la Federación Catalana de Fútbol, por lo que afectan a las competiciones de ámbito nacional y/o regional.

LIBRO XVII DE LA RFEF

De la determinación de los clubes vencedores y de la clasificación final

Artículo 36

...

2. Si al término del campeonato resultara empate entre dos clubes, se resolverá por la mayor diferencia de goles a favor, su-

mados los en pro y en contra según el resultado de los dos partidos jugados entre ellos; si así no se dilucidase, se decidiría también por la mayor
diferencia de goles a favor, pero teniendo en cuenta todos los obtenidos y
recibidos en el transcurso de la competición. ("...; de ser idéntica la diferencia, resultará mejor clasificado el que hubiese marcado más tantos".[31])

Si el empate lo fuera entre más de dos clubes se resolverá:

a) Por la mejor puntuación de la que a cada uno corresponda a tenor
de los resultados obtenidos entre ellos, como si los demás no hubieran participado.

b) Por la mayor diferencia general de goles a favor y en contra, considerando únicamente los partidos jugados entre sí por los clubes empata-
dos.

c) Por la mayor diferencia general de goles a favor y en contra, teniendo en
cuenta todos los encuentros del campeonato. ("...y siendo aquélla idéntica,
en favor del club que hubiese marcado más".[32])

Las normas que establece el párrafo anterior se aplicarán por su orden y
con carácter excluyente, de tal suerte que si una de ellas resolviera el empate
de alguno de los clubes implicados, éste quedará excluido, aplicándose a los
demás las que correspondan, según su número sea dos o mas.

Si la igualdad no se resolviese a través de las disposiciones previstas en
el presente artículo se jugará un partido de desempate en la fecha, hora y
campo neutral que el órgano de la competición y disciplina competente
designe, siendo de aplicación, en tal supuesto, las disposiciones que establece el artículo siguiente.

Artículo 37

1. En las competiciones por eliminatorias a doble partido será vencedor,
en cada una de ellas, el equipo que haya obtenido mejor diferencia de goles
a favor, computándose los obtenidos y los recibidos en los dos encuentros.

2. Si el número en que se concrete aquella diferencia fuera el mismo se
declarará vencedor al club que hubiese marcado más goles en el terreno
de juego del adversario.

3. No dándose la circunstancia que determine la aplicación del apartado que antecede se celebrará, a continuación inmediata del partido de
vuelta, una prórroga de treinta minutos, en dos partes de quince, separadas por un descanso de cinco, con sorteo previo para la elección de campo. ("... en el bien entendido que será de aplicación la regla referente a
que un eventual empate a goles, marcados en el transcurso de dicho tiem-

---

[31] "Reglamento de las competiciones de ámbito estatal" de la Real Federación Española
de Fútbol, temporada 1995/1996. Pág. –2–.
[32] Idem. *Op. cit.* en 31. Pág. –2–.

po suplementario se dilucidará a favor del equipo visitante."[33]). Si expirada esta prórroga, no se resolviera la igualdad se procederá a una serie de lanzamientos desde el punto de penalty de cinco por cada equipo, alternándose uno y otro en la ejecución de aquéllos, previo sorteo para designar quién comienza y debiendo intervenir futbolistas distintos ante una portería común. El equipo que consiga más tantos será declarado vencedor. Si ambos contendientes hubieran obtenido el mismo número proseguirán los lanzamientos, en idéntico orden, realizando uno cada equipo, precisamente por jugadores diferentes a los que intervinieron en la serie anterior, hasta que, habiendo efectuado ambos igual número, uno de ellos haya marcado un tanto más.

Sólo podrán intervenir en esta suerte los futbolistas que se encuentren en el terreno de juego al finalizar la prórroga previa, pudiendo en todo momento cualquiera de ellos sustituir al portero.

("Siendo el Torneo de Supercopa se estará, en el supuesto de prórroga, a lo que previene la disposición siguiente:

octava.– Tratándose del Torneo de supercopa, iniciada, en su caso, la prórroga que prevé... la disposición anterior, se declarará vencedor el primero de los dos equipos que marque un tanto. Si no se diera esta circunstancia transcurridos los treinta minutos de dicha prórroga, se procederá a los lanzamientos desde el punto de penalty..."[34])

4. Idéntica fórmula que prevé el punto anterior será de aplicación cuando se trate del partido final de un torneo por eliminatorias o de un encuentro suplementario en el que se dilucide, resolviendo una situación de empate, el título de campeón o el ascenso o permanencia en una categoría.

Del delegado de campo

Artículo 45

1. El club titular del terreno de juego designará para cada partido un delegado de campo, a quien corresponderán las obligaciones siguientes:

a) Ponerse a disposición del árbitro y cumplir las instrucciones que le comunique antes del partido o en el curso del mismo.

b) Ofrecer su colaboración al delegado del equipo visitante.

c) Impedir que, entre las bandas que limitan el terreno de juego y la valla que lo separa del público se sitúen otras personas que no sean las autorizadas.

---

[33] Idem. *Op. cit.* en 31. Pág. –3–.
[34] Idem. *Op. cit.* en 31. Pág. –3–.

d) Comprobar que los informadores, fotógrafos y operadores de televisión estén debidamente acreditados e identificados y procurar que se sitúen a la distancia reglamentaria.

e) No permitir que salgan los equipos al terreno de juego hasta que él mismo se halle completamente despejado.

f) Evitar que tengan acceso a los vestuarios personas distintas de las expresadas en el artículo precedente y, en especial, al del árbitro, salvo que éste lo autorice, quienes no sean el delegado federativo y, a los sólos efectos de firmar el acta, los entrenadores y capitanes.

g) Colaborar con la autoridad gubernativa para evitar incidentes, debiendo informar al árbitro cuál es la persona que la desempeña o ejerce.

h) Procurar que el público no se sitúe junto al paso destinado a los árbitros, futbolistas, entrenadores y auxiliares, o ante los vestuarios.

i) Acudir, junto con el árbitro, al vestuario de éste, a la terminación de los dos períodos de juego, y acompañarle, igualmente, desde el campo hasta donde sea aconsejable, para su protección cuando se produzcan incidentes o la actitud del público haga presumir la posibilidad de que ocurran.

j) Solicitar la protección de la fuerza pública a requerimiento del árbitro o por iniciativa propia, si las circunstancias así lo aconsejasen.

2. La designación del delegado de campo recaerá en la persona de un directivo –excepto el Presidente– o empleado del club, y el que lo sea deberá ostentar un brazalete bien visible acreditativo de su condición.

3. En ningún caso podrá actuar como tal ni como delegado de club quien sea miembro de la Junta Directiva de la RFEF.

De los delegados de los clubes

Artículo 47

Tanto el club visitante como el visitado deberán designar un delegado, que será el representante del equipo fuera del terreno de juego, y a quien corresponderán, entre otras las funciones siguientes:

a) Instruir a sus futbolistas para que actúen antes, durante y después del partido con la máxima deportividad y corrección.

b) Identificarse ante el árbitro antes del comienzo del encuentro, y presentar al mismo las licencias, numeradas, de los futbolistas de su equipo que vayan a intervenir como titulares y eventuales suplentes.

c) Cuidar de que se abonen los derechos de arbitraje, salvo que estuviere establecido otro sistema al respecto.

d) Firmar el acta del encuentro al término del mismo.

e) Poner en conocimiento del árbitro cualquier incidencia que se haya producido antes, en el transcurso o después del partido.

CAPÍTULO 7 - De las actas

Artículo 51

1. El acta es el documento necesario para el examen, calificación y sanción, en su caso, de los hechos e incidentes habidos con ocasión de un partido.

2. Constituirá un cuerpo único y el árbitro deberá hacer constar en ella los siguientes extremos:

a) Fecha y lugar del encuentro, denominación del terreno de juego, clubes participantes y clase de competición.

b) Nombres de los futbolistas que intervengan desde el comienzo y de los suplentes de cada equipo, con indicación de los números asignados a cada uno, así como de los entrenadores, auxiliares, delegados de los clubes, de partido y de campo, jueces de línea y el suyo propio.

c) Resultado del partido, con mención de los jugadores que hubieran conseguido los goles, en su caso.

d) Sustituciones que se hubieran producido, con indicación del momento en que tuvieron lugar.

e) Amonestaciones o expulsiones que hubiera decretado, exponiendo claramente las causas, pero sin calificar los hechos que las motivaron, y expresando el nombre del infractor, su número de dorsal y el minuto de juego en que el hecho se produjo.

f) Incidentes ocurridos antes, durante y después del encuentro, en el terreno de juego o en cualquier otro lugar de las instalaciones deportivas o fuera de ellas, siempre que haya presenciado los hechos o, habiendo sido observados por cualquiera otro de los miembros del equipo arbitral, le sean directamente comunicados por él mismo.

g) Juicio acerca del comportamiento de los espectadores y de la actuación de los delegados, jueces de línea y cuarto árbitro.

h) Deficiencias advertidas en el terreno de juego y sus instalaciones, en relación con las condiciones que uno y otras deben reunir.

i) Cualesquiera otras observaciones que considere oportuno hacer constar.

Artículo 54

Cuando así lo obliguen o aconsejen circunstancias especiales, el árbitro podrá formular, separadamente del acta, los informes ampliatorios o complementarios que considere oportunos, debiendo en tal caso remitirlos a la RFEF, a los dos clubes contendientes y a sus capitanes por correo urgente, dentro de las veinticuatro horas siguientes a la terminación del encuentro con idéntica anticipación, por fax, si posible fuere.

ESTATUTOS Y REGLAMENTO ORGÁNICO DE LA FCF

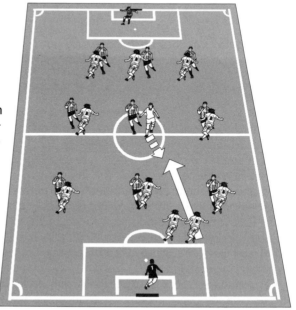

Artículo 348

a) Se sancionará con amonestación al jugador que emplee juego peligroso o brusco.

b) La acumulación, en una misma competición, y dentro de la temporada de que se trate, de cuatro de aquellas amonestaciones, determinará la suspensión por un partido, que deberá cumplirse a partir de su notificación. El segundo ciclo de amonestaciones devendrá en suspensión cuando se computen tres de ellas, y, el tercero y sucesivos, cuando se acumulen dos.

Tratándose de competiciones por Sistema Copa, el primero de los ciclos implicará la suspensión cuando se sumen tres amonestaciones.

En toda amonestación que sea previa a la que lleve consigo la suspensión se advertirá de ésta al interesado.

Cuando una competición hubiera concluido o el club de que se trate haya resultado eliminado y quedara pendiente el cumplimiento de un partido de suspensión por acumulación de amonestaciones, la sanción se cumplirá en el primero de la próxima temporada que corresponda a idéntico torneo, quedando por tanto interrumpida la prescripción, que sólo se producirá si el club no participase en el mismo.